1897 - Juin - 14

VILLE D'ARRAS

(Pas-de-Calais).

COLLECTIONS

DE FEU

M. Ernest DEUSY

Juge honoraire

Ancien Maire de la ville d'Arras.

Ancien Député.

Juin 1897.

ARRAS

Imprimerie Rohard-Courtin, place du Pont-de-Cité, n° 6

M. D CCC. XCVII.

CATALOGUE

DE LA

Collection de feu M. Ernest Deusy

COMPRENANT

Meubles anciens des XVIe au XIXe siècles

VITRAUX REMARQUABLES

Superbe Oratoire du XVe siècle

TABLEAUX ANCIENS

Œuvres importantes de Ph. de CHAMPAIGNE

dont *Armand d'Andilly* et *La Femme de l'Artiste.*

TABLEAUX DE MAITRES MODERNES

ÉMAUX ANCIENS

Par MOURET, PÉNICAUD, P. REYMOND, NOUAILLIER et autres.

Bijoux. - Reliquaires. - Dentelles. - Livres.

MINIATURES

Portraits de François Ier, Henri II, François II et autres.

Remarquable Collection de Monnaies et Médailles

DONT LA VENTE AURA LIEU

A ARRAS, en son Hôtel, **rue Saint-Aubert, n° 87**

du 14 au 21 Juin 1897, à 1 heure 1/2 précise

PAR LE MINISTÈRE DE

Mes HENRY et JUDE, commissaires-priseurs, à Arras.

MM. GANDOUIN, père et fils, experts, à Paris, 70, *faubourg Saint-Honoré*, et *Hôtel du Petit-Saint-Pol*, à Arras.

En présence de Mes SAUDEMONT, commissaire-priseur à Cambrai, et PETIT, notaire à Neuville-St-Vaast (P.-de-C.)

CHEZ LESQUELS SE DISTRIBUE LE CATALOGUE.

Exposition publique

Le DIMANCHE 13 JUIN 1897, *de 2 à 5 heures.*

Exposition particulière

Les 11 et 12 JUIN 1897, *de 2 à 5 heures.*

ORDRE DES VACATIONS :

Lundi 14 Juin : *Bronzes, Porcelaines, Faïences, Ferronnerie, Objets divers.*

Mardi 15..... *Vitraux, Emaux, Ivoires, Bijoux, Reliquaires, Sculptures.*

Mercredi 16.. *Tableaux, Dessins, Miniatures.*

Jeudi 17..... *Gravures, Dentelles, Oratoire et Meubles anciens.*

Vendredi 18.. *Livres et commencement des Monnaies.*

Samedi 19... *Monnaies et Objets divers.*

Lundi 21 Juin : *Continuation de la vente.*

NOTA. — L'ordre numérique du catalogue ne sera suivi à aucune vacation.

CONDITIONS DE LA VENTE

Elle aura lieu au comptant.

Les acquéreurs paieront 10 % en sus des adjudications applicables aux frais.

L'Exposition ayant mis les acquéreurs à même de se rendre compte de la nature et de l'état des objets, il ne sera admis aucune réclamation une fois l'adjudication prononcée.

Les Experts chargés de la vente se réservent la faculté de réunir et de diviser les lots.

Les personnes qui ne pourraient assister à la vente peuvent leur adresser leurs ordres et commissions.

L'ordre numérique du catalogue ne sera suivi à aucune vacation.

Le Catalogue se distribue à :

Paris : chez MM.	Gandouin, 70, faubourg Saint-Honoré.
Arras............	Henry et Jude, commissaires-priseurs.
Amiens..........	Lefèvre, antiquaire, rue Saint-Leu.
Abbeville........	Lœuillet, antiquaire.
Boulogne-sur-Mer	Haigneré, antiquaire.
Bruxelles........	Leroy, experts, place du Musée, 12.
Cambrai.........	Pillet et Saudemont, commissaires-pris.
Douai...........	Delcambre-Parenty, id.
Neuville-St-Vaast	A. Petit, notaire.
Lille.............	Carlier, antiquaire, 7, rue Esquermoise.
Lyon............	Roche, antiquaire.
Rouen...........	Lefrançois, antiquaire, 46, r. d'Amiens.
Tours...........	Morlot, antiquaire, rue de la Sellerie.
Reims...........	Mouginot, antiquaire, rue de Nesle.
Versailles........	Leroy, antiquaire, 8, place Hoche.
Valenciennes.....	Pillon, antiquaire, passage Broca.
Londres..........	Hollander et Cremette, New Bond Street, 47.
Amsterdam......	Muller, 10 Dœlenstraat.
Berlin...........	Schuste, Unter den Linden.

MOBILIER ANCIEN

XVe SIÈCLE

1.— **ORATOIRE.**— Cet oratoire, tout en chêne sculpté, est composé de la façon suivante :

Sa face principale est ornée d'un autel à hauteur d'appui, le devant a quatre grands panneaux ornés de statuettes en haut relief sous des niches gothiques flamboyantes.

Au-dessus est un dais soutenu par deux colonnes ornées de contreforts et de meneaux. — Le fond du dais est orné de même.— Au centre, sous une demi-couronne ajourée, est une statuette de la Vierge. De chaque côté de cet autel sont deux armoires à deux portes sculptées, la partie inférieure ornée de serviettes, au-dessus d'ornements variés et au sommet d'une riche ornementation gothique flamboyante.

A la face opposée, entre deux armoires identiques, est la porte principale, laquelle est d'une plus riche ornementation que les armoires et est surmontée d'un dais en forme d'auvent sculpté à jours d'une remarquable ornementation.

Du côté gauche est, au milieu, la petite porte d'entrée surmontée d'un dais en forme d'auvent (laquelle, réparée, n'a que les parties sculptées anciennes).

En face cette porte est la fenêtre éclairant l'oratoire, ornée d'un magnifique vitrail représentant « comme saint Eloi fut faict évesque de Noyon ».

Le Saint, vêtu d'une robe rouge, est représenté assis, les mains jointes.— De chaque côté, deux évêques soutiennent la mitre dont il va être coiffé. — Au fond, deux desservants et au premier plan deux enfants de chœur tenant chacun un flambeau.

Remarquable vitrail en très bel état de conservation. — **Haut. : 0 m. 85. — Larg. : 0 m. 49.**

Autour de ce vitrail et sous sa partie inférieure sont des morceaux de vitraux de la même époque représentant des fleurs de lis dont la plus grande partie sont sommées de la couronne royale.

Nota. — Le plafond de cet oratoire est formé en voûte

par un petit et un grand cintre, moulures et rosaces sculptées, le centre sommé de fleurs de lis.

Haut. au commencement du cintre : 3 m. — du cintre au plafond : 0,35
Larg. : 3 m. 25. — Long. : 3 m. 25.

Cet oratoire a été acquis chez la Marquise de Gauville et était placé dans le château de Bernouville, commune de Bézu-Saint-Eloi (arrond[t] des Andelys), aux environs de Gisors.

Les sculptures sont de la plus belle époque de l'art gothique de l'Ile de France.

Démonté du château sur place, il a été reconstitué dans l'hôtel de M. Deusy, tel qu'il était. — Il a naturellement subi par suite de ces travaux quelques réparations.

De tradition il passe pour avoir été exécuté pour le roi Charles VIII.

XVe SIÈCLE (*Style de la fin du*).

2. — *Fauteuil* en chêne sculpté. — Le dossier est orné, dans un médaillon circulaire, de l'effigie de la Vierge.

Hauteur : 1 m. 03.

3. — *Deux Chaises* en chêne sculpté, à fenestranges, gothique flamboyant.

Haut. : 1 m. 30.

4. — *Prie-Dieu* en chêne sculpté, style gothique flamboyant.

Haut. : 0 m. 82. — Larg. : 0 m. 62.

5. — *Deux Tabourets* en chêne sculpté.

XVIe SIÈCLE.

6. — *Beau Meuble à deux corps* surmonté d'un fronton ajouré. Chaque corps a deux vantaux sculptés, un motif d'arabesques, figure de chimère et mufle de lion. — Les tiroirs sont ornés d'arabesques et ont leur ferronnerie de l'époque. Le fronton est surmonté d'une Renommée ayant les bras élevés.

Haut : 2 m. 31. — Larg. : 1 m. 18.

Exposition rétrospective d'Arras, 1896 (n$_o$ 377).

7. — *Très beau Cabinet lombard* à un seul corps, en noyer sculpté, posé sur une table portée par 4 pieds à double tor-

sade évidée ; en façade, trois compartiments ayant chacun son édicule à fronton soutenu par des piliers à personnages en bosse, avec, au milieu, une niche à coquille garnie d'une statuette en bronze doré ; l'encadrement de cette façade est formé d'un système de contreforts à personnages jumelés en bosse et d'une frise sur laquelle s'enlèvent, avec autant de grâce que de vigueur, tout un ordre de petits amours également jumelés ; les flancs, ornés d'une simple arcature, comportent néanmoins un contrefort d'angle à personnages qui complète l'ornementation de la façade et rachète la rudesse de sa ligne verticale.

Soubassement : 0 m. 76 × 0 m. 95. — Corps : 0 m. 86 × 0 m. 92.

A appartenu à l'empereur Maximilien et vient du château de Miramar (Henri II).

Exposition rétrospective d'Arras, 1896 (n° 375).

8. — *Crédence* en noyer sculpté, à pans coupés, travail français, deux corps ; l'inférieur, d'abord évidé à fond de parchemins, se garnit dans le haut, en façade, de deux beaux tiroirs continués sur les flancs par de simples panneaux, le tout admirablement sculpté de rinceaux et feuillages, têtes en haut relief finement traitées, aux retombées et dans les médaillons ; le corps supérieur s'ouvre en deux vantaux par des portes joliment effigiées d'Antoine et de Cléopâtre, également en haut relief.

Haut. : 1 m. 59. — Larg. : 1 m 56.

Exposition rétrospective d'Arras, 1896 (n° 376).

COMMENCEMENT DU XVIe SIÈCLE.

9. — **Magnifique Coffre de mariage d'Anne de Bretagne,** en chêne sculpté ; cinq panneaux sculptés en fenestranges, sauf celui du milieu, historié de l'Annonciation de la Vierge ; deux des panneaux aux armes de France et de Bretagne ; Statuettes sur les colonnettes contreforts de séparation, beaux panneaux à parchemins sur les côtés ; jolie serrure ajourée à statuette.

Haut : 0 m. 75. — Larg. 1 m. 55.

Exposition rétrospective d'Arras, 1896 (n° 378).

STYLE RENAISSANCE.

10. — *Cinq escabeaux* en chêne sculpté.

XVIe SIÈCLE.

11. — *Grand Coffre flamand donné par Jean de Nivelle aux archers de Lestrem.*

Il est orné de cinq panneaux sculptés avec attributs des archers. Les angles antérieurs sont ornés de contre-forts. Les côtés sont ornés de panneaux à parchemin.

La serrure en fer ciselé qui orne ce Coffre est d'un travail remarquable, ajourée, ornée de contre-forts et d'une belle Statuette couvrant l'entrée.

Exposition rétrospective d'Arras, 1896 (n° 379).

Haut. : 0 m. 87. — Larg. : 1 m. 60.

12.— *Crédence* en noyer sculpté. Le corps supérieur à deux portes ornées de masques chimériques, les côtés sculptés avec ornementation et artichauds. — La partie inférieure à médaillon représentant l'Abondance et Sphinx femelle. — Les colonnettes et la ceinture sont à godrons.

Haut. : 1 m. 55. — Larg. : 1 m 22 (corps inférieur).

13.— *Coffre*, panneaux à serviettes et motifs gothiques.— Serrure en fer ciselé et ouvré.

Haut. : 0 m. 80. — Larg. : 0 m. 98.

14. — *Panneau* en chêne sculpté représentant : *Mercure, Clio et l'Amour*. — Au bas de ce panneau, inscription suivante : « Au citoyen Carnot ».

Haut. : 0 m. 29. — Larg. : 0 m. 22.

Provient du grand Carnot.

15. — *Crédence* en noyer sculpté, pilastres carrés à godrons en relief. — Les portes, les moulures, la ceinture et la partie inférieure sont sculptées.

Haut. : 1 m. 42. — Larg. : 1 m. 12.

16. — *Grand et beau Coffre*, orné de panneaux sculptés, représentant l'*Histoire de Saint-Jean*. — Chaque panneau séparé par des cariatides torse d'homme dans des gaînes différentes.

Larg. : 1 m. 75. — Haut. : 0 m. 89.

17. — *Coffre* en noyer sculpté orné de profils et d'arabesques.

Haut. : 0 m. 37. — Larg. : 0 m 75.

ÉPOQUE LOUIS XIII

18.— *Coffre* s'ouvrant à deux portes, formant à l'intérieur cabinet, en chêne sculpté et mouluré, dessus de marbre veiné gris fracturé.

Haut. : 0 m. 88. — Larg. : 1 m. 14.

19.— *Un Escabeau* en chêne à dossier sculpté.

ÉPOQUE LOUIS XIV

20. — *Importante et grande pendule de cheminée* en marqueterie de BOULLE, incrustation de cuivre sur écaille brune. — Forme violon, socle avec tablier.

Elle est surmontée d'une figure représentant Minerve. — Les bronzes qui l'ornent sont dorés. Signé : DE LOREUIL.

Haut : 1 m. 30

21. — *Belle Armoire* à deux portes, ornée d'arabesques, la frise supérieure ornée de grappes de raisin. — Belle Corniche sculptée.

22.— *Commode* à trois rangs de tiroirs, en marqueterie de bois de noyer et d'amarante. — Dessus également marqueté. — Elle est ornée de poignées et d'entrées en bronze ciselé et doré de la même époque.

Larg. : 1 m. 20. — Haut. : 0 m. 78.

23.— *Deux Chenets* en bronze.

ÉPOQUE LOUIS XV.

24.— *Bureau plat* en marqueterie de bois de rose et bois de violette, orné de poignées, entrées, chutes et sabots bronze ciselé et doré. — (*Réparé*).

Long. : 1 m. 58. — Larg. : 0 m. 69.

25.— *Bureau* forme dite « à dos d'âne » en bois de violette.

Haut. : 1 m. — Larg. : 0 m. 95.

26.— *Table à ouvrage* de forme ronde, bois de placage rose à marqueterie de filets — la tablette inférieure marquetée de cartes à jouer — dessus marbre gris veiné entouré d'une galerie de cuivre.

Diamètre : 0 m. 44. — Haut. : 0 m. 79.

27. — **Mobilier de salon,** composé de :

Deux Canapés. Quatre chaises.
Six Fauteuils. Deux Tabourets.

Modèle à médaillons surmontés de palmes, rubans, carquois et flambeau, recouverts en brocart de soie de même époque.

28.— Grande *Commode* à deux rangs de tiroirs en bois rose avec panneaux d'applique en vieux laque de Chine et les deux côtés formes contournées, les pieds de derrière cannelés et ornée de poignées, entrées, chutes, tabliers et sabots en bronze ciselé et doré de même époque.— Dessus marbre gris veiné à moulures et à gorges.

Haut. : 0 m. 90. — Long. : 1 m. 50

29.— *Commode* en marqueterie de bois rose et de bois satiné à trois rangs de tiroirs — dessus en marbre du Languedoc.

Elle est ornée de poignées, d'entrées et de chutes et sabots en bronze ciselé et doré.

Ce meuble élégant est de forme contournée.

Haut. : 0 m. 87. — Long. : 1 m. 30.

30. — *Commode* à deux rangs de tiroirs en marqueterie de bois rose; elle est ornée de poignées, d'entrées, chutes et sabots en bronze ciselé et doré ; dessus marbre en brèche du Languedoc.

Haut. : 0 m. 83. — Larg : 1 m 30.

31. — *Grande et belle Commode* en vieux laque à décors chinois.— Elle est de forme contournée, à deux rangs de tiroirs, ornée de bronze, poignées, entrées, tablier, chutes et sabots ciselés et dorés, d'une très belle exécution— signée Fléchy. — Dessus marbre en brèche de Flandre.

Haut. : 0 m. 90. — Larg. : 1 m. 40.

32.— *Une bergère* (réparée), bois sculpté et doré, recouverte même étoffe que le mobilier.

33.— Douze Rideaux.
Douze Lambrequins.

Même étoffe que le mobilier de salon.

Seront vendus à la suite du mobilier.

33 *bis*. — *Console* bois sculpté, peint blanc avec panneau au vernis de Martin, représentant un paysage.

34.— *Paire de Chenets* à volutes rocaille ; personnages : chinois et chinoise ; bronze doré.

Haut. : 0 m. 36.

35.— *Paire de Flambeaux*, forme balustre à motifs rocaille en relief, bronze doré.

36. — *Paire de Candélabres* bronze ciselé et doré (ces candélabres sont à cinq lumières supportées par une femme).
Les statuettes qui les composent sont du temps de Louis XVI. — Les lumières et les bases sont de travail moderne. — Socles en marbre blanc.

Haut. des candélabres, 0 m. 62. — Haut. des socles, 0 m. 185.

ÉPOQUE LOUIS XVI.

37.— *Une table-bureau* Tronchin, en acajou.

38.— *Deux petits tabourets de pied* en bois sculpté cannelé, recouverts.

39.— *Table à ouvrage* en bois de rose.

40.— **Grande et importante console** à 4 pieds, reliés ; forme demi-lune, la ceinture est ornée de feuilles d'acanthe en haut relief avec entrelacs de pointes d'asperges ; au milieu et en façade, des branches de lauriers, les pieds en forme de gaine carrée ont comme chapiteau des feuilles d'acanthe, sur leurs faces des touffes de mêmes feuilles ; leur base est à feuilles de laurier et les sabots à feuilles de vigne. — Dessus marbre blanc veiné.

Très beau Meuble, en bel état de conservation sous une dorure ancienne.

Long. : 1 m. 90. — Prof. : 0 m. 76. — Haut. : 0,87.

41. — *Grand Chiffonnier* en acajou, à 7 tiroirs, angles cannelés.

Haut. : 1 m. 60. — Larg. : 0 m. 95.

42. — *Petit Meuble d'appui formant bureau*, la partie inférieure en portes à coulisses. Il est en marqueterie de bois de rose et de bois d'érable, signé Martin. Dessus en marbre blanc.

Haut. : 0 m. 90. — Larg. 0 m. 92.

43. — *Toilette* en bois de noyer.

Haut. : 0 m. 72. — Larg. : 0 m. 80.

44.— *Canapé* d'époque du premier Empire, à col de cygne, en acajou noirci.

45. — *Cadre ovale*, doré.

46.— *Fronton* en tilleul, orné d'armoiries, griffon et fleur de lis. — Travail moderne.

VITRAUX

XVIe SIÈCLE.

Beuzelin frères.

47. — *Le Jugement dernier*, remarquable vitrail.

Au premier plan, le bon pasteur, sous les traits d'une bergère ailée, le sein nu, coiffée d'un large chapeau, joliment drapée, ramène les brebis de son troupeau et en écarte les boucs du bout de sa houlette ; — plus loin, des diables chassent à coups de fourches, vers un château embrasé qui représente l'enfer, un grand nombre d'hommes et de femmes nus ; dans le ciel, le Père éternel, dans sa gloire, entouré d'un grand cortège d'élus.

Travail très précieux. — Ces artistes auraient exécuté ce vitrail pour l'oratoire de Catherine de Médicis à Chenonceaux. — (Fracturé).

Ex-collection Vergniaud Romagnesi.

Haut : 0 m 25. — Larg. : 0 m. 22

Exposition rétrospective d'Arras, 1896 (n° 391).

Chenesser (attribué à Antoine)

48.— *Crucifiement.*— Le Christ est en croix,— à ses pieds la Vierge et St-Jean,— dans le fond, Jérusalem.— L'entourage de ce vitrail forme un couronne de fleurs, de fruits, où sont trois enfants jouant de la basse, de la viole et de la trompette — (fracturé).

Haut. : 0 m. 43. — Larg : 0 m. 47.

Ex-collection Vergniaud Romagnesi.

Exposition rétrospective d'Arras, 1896 (n° 390).

GOMBAUDE (René ou Rémy).

49. — *Claude de France couronnée et conduite à l'hôtel.*— Très beau vitrail en camaïeu gris, bistré.

Haut. : 0 m 59. — Larg. 0 m. 46.

Ex-collection Vergniaud Romagnesi.

Exposition rétrospective d'Arras, 1896 (n° 392).

50.— *Petit vitrail* en camaïeu gris, représentant Joachim, Anne, Cléophas et Salomé.

Vient de l'hôpital de Beaune.

Haut. : 0 m. 26. — Larg. : 0 m. 19.

51. — *Le Crucifiement*, camaïeu gris rehaussé de jaune.

Diamètre : 0 m. 34.

Provient de l'hôpital de Beaune.

XVIIe SIÈCLE

52.— *Petit vitrail flamand* représentant des travaux champêtres, polychrome.

Haut. : 0 m. 09. — Larg. : 0 m. 07.

52 *bis.* — Tête de soldat romain.

Haut. : 0 m. 28. — Larg. : 0 m. 32.

XVIe SIÈCLE

ECOLE DE SENS

53. — Cinq têtes au bistre.

Haut. : 0 m. 10. — Larg. : 0 m. 085.

XIIIe AU XVIe SIÈCLE

54.— *Un lot* de morceaux pour bordures, encadrements et vitraux fracturés.

ÉMAUX

XVe SIÈCLE.

PÉNICAUD (Léonard dit Nardon).

55.—La Vierge assise portant son fils sur ses genoux, lequel tient en main une croix en forme de tau ; deux anges prosternés occupent le fond du tableau ; le bas de la robe, le livre, la collerette, le nimbe de la Vierge émaillés en relief.— Le banc sur lequel elle est assise porte en sa bordure cette inscription :

O virgo, miserere
Mei miserere meorum
Office me meritis
Tempus in omne tuum

Haut. : 0 m. 218. – Larg. : 0 m. 245.

Important et remarquable émail.

Exposition rétrospective d'Arras, 1896 (n° 399).

XVIe SIÈCLE.

PÉNICAUD (?)

56. — *La Nativité.*

Exposition rétrospective d'Arras, 1896 (n° 400).

MOURET (Dominique).

57. — *Le Crucifiement ;* quatre personnages : le Christ, la Vierge, Saint-Jean, la Madeleine.

Haut. : 0 m. 88. — Larg. : 0 m. 80.

Exposition rétrospective d'Arras, 1896 (n° 402).

LIMOUSIN (François).

58. — *Grand plat ovale ou bassin.*

Email peint doré et translucide. Il représente la Cène, comprenant le Christ et les 12 apôtres et l'Agneau pascal. Le marli est orné de têtes d'anges aux ailes déployées et dorées. Au revers sont les armes de Charles-Quint.

Au fond du plat et au-dessus de la tête de Jésus-Christ est l'inscription : COELA DOMINI.

Ce remarquable plat est signé : *Franciscus Limosin fecit.* — (Réparé au marli).

Long. : 0 m. 39 — Haut : 0 m. 305.

Limosin (Léonard).

59. — *La Descente de Croix.* Le Christ étendu inanimé sur les genoux de sa mère assise au pied de la croix, un ange se tenant au devant.

Haut. : 0 m. 093. — Long. 0 m. 074.

Exposition rétrospective d'Arras, 1896 (n° 403).

XVIe SIÈCLE (*Genre de*)

Limosin (Léonard).

60. — Portrait de Jérôme Paturot, avec inscription : « Hiero Pathuro doct. œtatis sve 49. — LL. 1563 ».

71 × 61 mm.

XVIIe SIÈCLE.

Limosin (Jean).

61. — *Sainte Catherine de Sienne.*

Haut. : 0 m. 099. — Larg. 0 m.072.

Exposition rétrospective d'Arras, 1896 (n° 405).

XVIe SIÈCLE.

Limosin (Léonard) (Ecole de).

62. — *La Présentation au Temple.*

Haut. : 0. m. 165. — Larg. : 0 m. 125.

Exposition rétrospective d'Arras, 1896 (n° 404).

63. — *La Cène*, émail peint translucide.

Exposition rétrospective d'Arras, 1896 (n° 407).

XVIIe SIÈCLE.

65. — Bénitier représentant Sainte Thérèse, signé du monogramme et au revers : « Laudin émailleur Limoges ».

(Fractures).

XVIe SIÈCLE.

Reymond (Pierre).

65. — Plaque ovale représentant l'*ex-voto* de M. G[rim-

bert] (?) et sa femme. — Saint Paul, saint Grégoire, saint Dominique, Saint Jérôme ; au bas les donataires (fractures).

REYMOND (Pierre).

66. — *Baptême du Christ*, ovale.

Haut. : 0 m. 176. — Larg. : 0 m. 137.

Exposition rétrospective d'Arras, 1896 (n° 401).

REYMOND (Pierre).

67. — *La Déposition de la Croix.*

68. — Fragment d'un nœud de calice avec figures de saints, émail translucide sur argent.

Exposition rétrospective d'Arras, 1896 (n° 418).

XVIIIe SIÈCLE.

J. B. NOUAILLIER.

69. — La Vierge assise tenant l'enfant.

Exposition rétrospective d'Arras, 1896 (n° 414).

XVIIe SIÈCLE.

J. LAUDIN.

70. — Saint François Xavier ; — Signé : J. L.

Exposition rétrospective d'Arras, 1896 (n° 411).

J. LAUDIN.

71.— *Mater Dolorosa* ; au revers signé : « Laudin, émailleur à Limoges ».

Exposition rétrospective d'Arras, 1896 (n° 419).

72. — Grande plaque peinte par P. Nouaillier — *St Stanislas Kostka en prières et deux anges* (signé : P. N.) — Au revers : « P. Nouaillier, émailleur à Limoges ».

Haut. : 0 m. 220. — Larg. : 0 m 174.

Exposition rétrospective d'Arras, 1896 (n° 413).

XIIIe SIÈCLE (*Genre du*)

73. — Email champ-levé : *Fuite en Egypte.*

Exposition rétrospective d'Arras, 1896 (n° 395).

74. — *La Résurrection de Lazare.*

Exposition rétrospective d'Arras, 1896 (nº 396).

XVIᵉ SIÈCLE *(Genre du)*

75. — Marie Stuart, reine d'Ecosse, et François, roi de France.

XVIIᵉ SIÈCLE (*Genre du*)

76. — Philippe le Bel, roi de France.

Exposition rétrospective d'Arras, 1896 (nº 415).

77. — Louis le Hutin, roi de France.

Exposition rétrospective d'Arras, 1896 (nº 416).

78. — Marguerite de Navarre.

Exposition rétrospective d'Arras, 1896 (nº 417).

79. — Henriette d'Angleterre.

Exposition rétrospective d'Arras, 1896 (nº 409).

80. — Duc de Guise (le Balafré).

81. — Henri IV, roi de France.

82. — Coupe à trois anses, à l'intérieur fleurs et enfant.

Diamètre : 0 m. 095.

Exposition rétrospective d'Arras, 1896 (nº 410).

IVOIRES.

XIIIᵉ SIÈCLE (*Style du*).

83. — Plaque de reliure représentant une scène de chevalerie.

Haut. 0 m. 155. — Larg. 0 m. 11.

XIVᵉ SIÈCLE.

84. — Plaque de miniaturiste représentant la Crucifixion.

Exposition rétrospective d'Arras, 1896 (nº 424).

Haut. : 0 m. 095. — Larg. 0 m. 064.

XVe SIÈCLE.

85. — Plaque de miniaturiste : l'Adoration des Mages.

Exposition rétrospective d'Arras, 1896 (no 425).

Haut. : 0,09. — Larg. : 0,059.

XVIe SIÈCLE.

86. — La Vierge debout tenant l'enfant.
(Fort jolie statuette d'un bel état de conservation).

Exposition rétrospective d'Arras, 1896 (no 426).

Haut. : 0 m. 20.

87. — Tête de Vierge (Art ancien espagnol).

Haut. : 0 m. 073.

Exposition rétrospective d'Arras, 1896 (no 428).

XVIIe SIÈCLE.

88. — Beau chapelet — les dizains séparés par des statuettes d'évangélistes. — Médaillon représentant la Vierge et Crucifix

Exposition rétrospective d'Arras, 1896 (no 423).

XVIIIe SIÈCLE

BRULAMANTE.

89. — St-Joseph tenant l'enfant Jésus.
Très bel ivoire finement sculpté.

Haut. 0 m. 30, socle compris.

Exposition rétrospective d'Arras, 1896 (no 427).

90. — Trois statuettes de Christ incomplètes.

XIXe SIÈCLE

91. — Triptyque représentant le Mariage de Louis XII et d'Anne de Bretagne.

JAPON.

92. — Etui avec personnages et cigogne en bronze doré.

93. — Servantes japonaises portant de grands écrans.
Deux statuettes (H. 0m09).
Servante japonaise portant une corbeille de fruits (H. 0m06).

93 (suite). — Eléphant chargé et entouré de nombreux personnages (groupe d'un travail remarquable) (H. 0m 13).
— Japonaise (fleur de thé) (H. 0m 13).
— Groupe de deux guerriers chassant le tigre (H. 0m 12).
— Groupe de deux guerriers avant le combat (H. 0m085).
— Groupe de trois mendiants (H. 0m085).
— Groupe (Japonais et dragons infernaux) (H. 0m 06).
— Groupe (prêtre du grand Lama) (H. 0m 06).
— Groupe représentant un écrivain public (H. 0m 05).
— Deux groupes, marchands de tortues et enfants.
— Deux Netsukes, crapaud et groupe de perdrix.

BIJOUX

ANTIQUE ROMAIN.

94. — Bague or, chaton avec guerrier.

XIIIe SIÈCLE.

95. — Bague gothique ornée d'un saphir.
Exposition rétrospective d'Arras, 1896 (no 474).

XVIe SIÈCLE.

96. — Bague en bas or, cabochon orné d'une aigue-marine.
Exposition rétrospective d'Arras, 1896 (no 478).

97. — Bague or, chaton, aigue-marine.
Exposition rétrospective d'Arras, 1896 (no 472).

98. — Bague or, avec cabochon en lapis.
Exposition rétrospective d'Arras, 1896 (no 473).

99. — Anneau épiscopal avec cornaline.
Exposition rétrospective d'Arras, 1896 (no 466).

100. — Bague en vermeil à facettes, chaton orné de perles fines.
Exposition rétrospective d'Arras, 1896 (no 479).

101. — Bague fer, aigles tenant chaton, avec cornaline gravée.

Exposition rétrospective d'Arras, 1896 (n° 468).

102. — Bague or ciselé avec un diamant table.

Exposition rétrospective d'Arras, 1896 (n° 467).

103. — Bague en fer ciselé, aigles ornée d'une topaze.

Exposition rétrospective d'Arras, 1896 (n° 469).

104. — Bague en argent avec intaille cornaline : Chute d'Icare.

Exposition rétrospective d'Arras, 1896 (n° 475).

105. — Bague cuivre ciselé émaillé, ornée d'une pierre dure verte.
(Anneau cardinalice).

Exposition rétrospective d'Arras, 1896 (n° 465).

106. — Bague or émaillé avec diamant table.

Exposition rétrospective d'Arras, 1896 (n° 478).

XVIIe SIÈCLE

107. — Bague en or simulant une tresse.

Exposition rétrospective d'Arras, 1896 (n° 471).

XVIIe ET XVIIIe SIÈCLES

108. — Sept Bagues dont cinq concernent les corporations de Paris :

Apothicaires,
Poissonniers,
Tondeurs de drap.
Charpentiers.
Charpentiers de navires.
Deux autres indéterminées.

Exposition rétrospective d'Arras, 1896 (n° 480).

EPOQUE LOUIS XVI.

109. — Sceau breloque. — Signé : Cava F.
Deux amours autour d'un chiffre

Exposition rétrospective d'Arras, 1896 (n° 477).

XVIIIe SIÈCLE.

110.— Anneau épiscopal d'un évêque de Dijon, cuivre doré.

Exposition rétrospective d'Arras, 1896 (n° 470).

EPOQUE LOUIS XVI.

111. — Bague en or ciselé forme dite « Marquise », avec peinture représentant un nœud de rubans et la devise « En s'éloignant il se resserre. »

112. — Bague en argent ciselé (style Renaissance), ornée d'un diamant table.

— Autre bague en argent, Serpent enroulé.

113. — Bague en or avec intaille, profil d'Antinoüs.

114. — Bague en or avec cornaline gravée, armoirie.

115. — Bague en or, intaille antique, profil d'Apollon, intaille cornaline.

Exposition rétrospective d'Arras, 1896 (n° 476).

116. — Bague orientale avec inscription sur cornaline.

Exposition rétrospective d'Arras, 1896 (n° 464).

XVIe SIÈCLE.

117.— Bague en argent doré avec têtes d'animaux chimériques.

118. — Broche, cristal de roche.

Exposition rétrospective d'Arras, 1896 (n° 432).

119.— Cadre en filigrane d'argent, pavé avec 4 pierres de couleur.

RELIQUAIRES

XVIe SIÈCLE

120. — Joli Reliquaire en argent doré filigrane, contenant en verre églomisé la Sainte-Face et saint Antoine de Padoue, sainte Rosalie et saint Jean.

Exposition rétrospective d'Arras, 1896 (n° 431).

121. — Reliquaire pectoral en forme étoilée, garni de pierres rares de couleur montées en cabochon, argent doré.

Exposition rétrospective d'Arras, 1896 (n° 438).

ÉPOQUE LOUIS XIII

122. — Reliquaire (monture en or émaillé) avec verre églomisé représentant saint Charles et sainte Rosalie.

Exposition rétrospective d'Arras, 1896 (n° 436).

123. — Médaillon octogone en cristal de roche (monture en or ciselé), représentant sainte Agnès, peinture sur émail entourée de grenats — Au revers, la Vierge et l'enfant.

Exposition rétrospective d'Arras, 1896 (n° 437).

124. — Médaillon ovale en filigrane d'argent doré,— pierres de couleur et émail ; représentant la Vierge dans sa gloire.

Exposition rétrospective d'Arras, 1896 (n° 433).

125. — Médaillon à double face, monture en or ciselé ajouré, avec peinture sous verre églomisé représentant Sainte Anne et la Vierge et au revers Saint Sébastien.

Exposition rétrospective d'Arras, 1896 (n° 430).

126. — Petit Reliquaire piqueté.— Boite en corne.

XVIIe SIÈCLE

127.— Reliquaire en forme d'ampoule (agate argent doré)— Contenant un morceau des pourpoints de Cinq-Mars et de De Thou.

Ex-collection Barbazan.

Exposition rétrospective d'Arras, 1896 (n° 431 *bis*).

ÉPOQUE LOUIS XIV

128.— Reliquaire en filigrane d'argent contenant l'inscription Saint François de Paul et Saint Pascal.—Etui du temps.

129. — Deux étuis sculptés ornés de personnages (travail japonais).

SCULPTURES
en Marbre et Bois.

ANTIQUE CARTHAGINOIS

130. — *Marbre.* — Tête de Zeus (marbre de Paros). Rapportée de Carthagène par M. le Comte de Varieu.

Exposition rétrospective d'Arras, 1896 (n° 389).

Haut. : 0 m. 25. — Larg. 0 m. 15.

XVe SIÈCLE

131. — *Bois.* — Groupe : Saint Jean, sainte Véronique et trois soldats.

Reste de polychromie et de dorure (art flamand).

Haut. : 0 m. 39.

132. — *Bois.* — Groupe de trois figures : Christ conduit au supplice par deux soldats.

Reste de polychromie et de dorure (art flamand).

Haut. : 0 m 38.

XVIe SIÈCLE

133.— *Marbre* (Bas relief).— Profil de « Antoine Bohier, Baron de St Ciergue, Sr de Chenonceau de Chissey, de Nazelle et Martin-le-Beau, gouverneur de Touraine », fils de Thomas Bohier, créateur du château de Chenonceau.

Au bas du buste est l'inscription : *Gnosos aïovade* (fracture) ; sous l'épaule : MADERAIA — DUX.

Haut : 0 m. 40. — Larg. : 0 m. 31.

134. — *Bois.* — Sainte Valérie.

Bois sculpté, polychromé et doré.

Haut. : 0 m. 36.

135. — *Bois.* — Sainte Catherine.

Statuette en chêne sculpté. — Jolie statuette.

Haut. : 0 m. 24.

136.— *Bois.*— Coffret d'aumônes en chêne sculpté, orné sur

sa face de rinceaux et fleurs ; sur les côtés deux profils de femmes ; pentures et serrures du temps.

Haut. : 0 m. 12. — Larg. 0 m. 24.

137. — *Albâtre.* — Fort joli bas-relief représentant Ste-Madeleine. — Cadre du temps ayant perdu ses stucs.

Haut. : 0 m. 23. — Larg. 0 m. 20.

138. — *Albâtre.* — Fort joli bas-relief polychromé et doré représentant Moïse frappant le rocher. — Cadre du temps (Intact).

Haut. : 0 m. 23. — Larg. 0 m. 20.

139. — *Bois.* — Sainte Barbe.
Grande statue sculptée polychromée et dorée (la main droite, la couronne et le sommet de la tour réparés).

Haut : 1 m. 08.

140. — *Bois.* — Saint Christophe.
Statue sculptée, polychromée et dorée.

Haut : 1 m. 17.

141. — Sainte Catherine.
Statue, bois sculpté, polychromé et doré.

Haut. : 1 m. 05.

142. — Saint Vaast.
Statuette en bois sculpté peinte et dorée. — Ce saint est représenté debout, tenant de la main droite un livre et un reliquaire. Il est coiffé de la mitre ; de la main gauche il tient son bâton pastoral dont le sommet en bronze ciselé, représente un animal en bronze, probablement un ours. A ses pieds un ours.

Haut. socle compris : 0 m. 40.

XVIIe SIÈCLE.

143. — Jésus présenté au peuple.
Statuette en bois sculpté, polychromée et dorée.

Haut. : 0 m. 42.

143 *bis.* — *Bois.* — La Vierge tenant l'enfant.
Jolie statuette polychromée et dorée. Bel état de conservation.

Haut. : 0 m. 24.

144. — (Plâtre peint bronze). — Vénus de Milo. — Socrate. — Hypocrate. — Tête de gladiateur. — Bélisaire. — Solon. — Cicéron.

BUSTE PLATRE

145.— Portrait de M. A. Grigny, architecte.

Page debout. — Statuette en terre cuite provenant d'une vente au bénéfice des Alsaciens-Lorrains.

146. — *Bois sculpté.* — Socle quadrangulaire peint noir, style chinois.

Haut. : 1 mètre.

TERRE CUITE

147.— *Buste d'enfant*, demi-relief (Signé: Lemaire, 1832).

ANTIQUE CYPRIOTE

148. — Cinq têtes de Statuettes, Vénus et autres déesses.

BRONZES

ANTIQUE ÉGYPTIEN

149.— *Statuette* funéraire assise.

Haut. : 0 m. 13.

Ve SIÈCLE.

150. — *Cachet de potier*, en bronze, trouvé à Nevers.

Exposition rétrospective d'Arras, 1896 (no 480).

IXe SIÈCLE (*Style du*)

151. — *Lustre* à 8 lumières, en cuivre repercé et doré.— La chaîne est surmontée d'une figure d'Archange.

XIIIe SIÈCLE

152. — Grande plaque à émail champ-levé, fond fleurde-

lisé — reste de dorure. — Figures en relief représentant St-Martin.

NOTA. — Cet objet provient de la châsse de Saint-Martin, reliquaire de l'abbaye de Moncey, près Amboise.

Exposition rétrospective d'Arras, 1896 (n° 397).

XIVe SIÈCLE

153. — Croix processionnelle. Bronze ciselé, doré, avec émaux champ-levés ; en relief sur la face, figure du Christ, de la Vierge, St Jean et Adam. — Cinq plaques émaillées représentent le couronnement de la Vierge, le Christ aux enfers, son monogramme, et les deux larrons. — Au revers une plaque émaillée : Dieu bénissant sur une cathédra.

Haut. : 0 m. 56. — Larg. : 0 m. 39.

Provient de l'abbaye de St-Bertrand de Comminges.

Exposition rétrospective d'Arras, 1896 (n° 398).

XVIe SIÈCLE

154. — *Jupiter*. — Statuette.

Haut., socle compris : 0 m. 29.

XVIe SIÈCLE

155. — Pied de calice en cuivre gravé, le nœud est orné de cabochons émaillés.

156.—Vase à eau bénite, forme balustre, en cuivre rouge repoussé ciselé, orné d'une armoirie, d'un masque chimérique et de rinceaux.

Haut : 0 m. 25.

XVIIe SIÈCLE

157. — Statuettes de vierge. — Christ pour crucifix et une figure allégorique.

PUGET.

158. — *Milon de Crotone* (Haut. : 0 m. 78).
Très belle reproduction avec magnifique patine.

159. — Ulysse tendant son arc. (Haut. : 0 m. 90),

BOUGRON.

160. — *Diane.* (Haut. : 0 m. 93).

XVIe SIÈCLE

161. — Christ, bronze doré.

CLODION (d'après).

162. — Deux Aiguières avec danses d'enfants, et deux statuettes : Satyre et Bacchantes.

Haut. : 0 m. 50.

163. — Lot composé de : Deux statuettes du XVIe siècle. Bas relief pour pendule de l'époque Louis XIV.

XVIIe ET XVIIIe SIÈCLES

164. — Lot de bronzes provenant de meubles, comprenant : Six entrées. — Trois sabots. — Trois poignées.

ART CHINOIS ANCIEN

165. — Vase ancien chinois. Cornet évasé, surface ciselée, anses avec têtes de dragons.

166. — Vase rond, forme balustre, avec anses détachées, branchages.

167. — Cloche ornée à son pourtour et sur sa panse de dragons ailés.

ÉPOQUES DIVERSES

168. — Douze pièces : médailles et croix, provenant de processions et pélerinages.

JAPON

169. — Deux coupes sur piedouche à flots de la mer, avec cigogne (bronze).

ART ANCIEN CHINOIS

170. — Petit vase en bronze ciselé et doré avec espèce de reliquaire contenant des pierres de couleur.

ART JAPONAIS

171. — Paire de vases en bronze damasquiné d'argent.

ART PERSAN

172. — Grande bouteille en cuivre gravé, pied repercé ornée de nombreuses figures de sultans et de sultanes persans. — Cette pièce est semée de cabochons et de turquoises.

Haut : 0 m. 59.

173. — Deux flambeaux de mosquée, en cuivre repercé, gravé et damasquiné argent. — Figures et arabesques.

Haut. : 0 m. 29.

174. — Paire de vases brûle-parfum gravés et repercés, ornés de figures, d'arabesques et d'inscriptions, damasquinés d'argent.

ART CIRCASSIEN

175. — Flacon en métal filigrané avec pierres de couleur enchassées.

176. — Paire de flambeaux avec œillets (Bronze).

PORCELAINES

PORCELAINE DE CHINE

177. — Plat rond, époque des Ming : Philosophe au bord d'une rivière — (fêlé).

Diamètre : 0 m. 27.

178. — Plat rond, époque des Ming ; sujet représentant la Pêche — (fêlé).

Diamètre : 0 m. 27.

179. — Autre plat (époque des Ming, diamètre 0,27) : Arbustes et oiseaux — (fêlé).

180. — Deux potiches couvertes, décor polychrome et or.

181. — Trois assiettes, décor polychrome. — Modèles époque de Kang-Hi.

CHINE ANCIEN

182. — Assiette, décor polychrome à rehauts d'or. — Fleurs.

183. — Deux beaux bols, très riche décor polychrome. Personnages et paysages dans des réserves (fond corail).

184. — Paire de cornets à décor bleu (Le décor polychrome qui les couvre est à froid).

Haut. : 0 m. 46.

185. — Deux assiettes, décor bleu.

FABRICATION DE CANTON.

186. — Paire de grands vases, forme rouleau. Décor or vermicellé vert, avec réserves ornées de personnages, fleurs et oiseaux.

Haut. : 0 m. 65.

187. — Deux plats ovales, décor polychrome. — Scènes de roman. — Marli à fleurs et oiseaux.

Long. : 0 m. 33

188. — Deux bols carrés, décor personnages polychromes et fleurs, avec socles en bois sculpté.

189. — Plat rond (Chine ancien), décor polychrome vermicellé, rehauts d'or. — Epoque de Kang-Hi.

190. — Deux plateaux (fabrication de Canton), décor polychrome. — Personnages et fleurs.

CAPO DI MONTE

191. — *Ivresse de Silène.* — Bas-relief polychrome. — Pâte tendre (plaque).

Haut. : 0 m. 105. — Larg. : 0 m. 145

JAPON

192. — Deux assiettes, décor polychrome et or.

JAPON ANCIEN

193. — Plat rond creux, décor polychrome et or.

Diamètre : 0 m. 28.

194. — Bouteille carrée, décor polychrome, époque chrysanthémo paéonnienne.

195. — Quatre assiettes, décor polychrome rehaussé d'or.

196. — Deux assiettes, décor polychrome et or.

197. — Deux assiettes Japon, décor polychrome.

198. — Deux assiettes creuses, décor polychrome.

199. — Paire de vases (fabrique de Kioto), décor polychrome. — Guerriers.

200. — Paire de bouteilles, décor fleurs et perroquets.

Haut. : 0 m. 24.

INDE ANCIEN.

201. — Dix tasses et huit soucoupes, décor fleurs.

ANGOULÈME

202. — Assiette, décor polychrome de bouquets, et soucoupe en porcelaine de la Courtille. Décor analogue.

ARRAS

203. — Sucrier couvert à plateau mobile. Décor bleu. Cuiller à saupoudrer en faïence de Douai.

204. — (Pâte tendre) Quatre douzaines environ d'assiettes, surface gauffrée, décor bleu.
Soupière et plat même genre.

PARIS

205. — Deux flambeaux : *Nègre et négresse*, fabrique de Jacob Petit.

SAXE, CHINE ET VILLEROY

206. — Sucrier, vase et trois petites tasses.

SÈVRES ANCIEN

207. — Médaillon ovale, fond bleu : *Hercule et Omphale.* Cadre bois sculpté.

Haut. : 0 m. 15. — Larg. : 0 m. 12.

SÈVRES.

208. — *Molière assis.* Statuette en biscuit.

Haut. : 0 m. 39.

SÈVRES ANCIEN.

209. — Tasse et soucoupe, pâte dûre, décor polychrome fleurs.

SÈVRES.

210. — Vase ovoïde, émail au grand feu, Haricots.

211. — *Profils de* : François Ier.— Henri IV.— Louis XIV. — Louis XV. — Louis d'Anjou (dauphin de France). Louis XVI. — Marie Antoinette. — Mme Elisabeth. — Louis XVII. — St-Vincent de Paul. — Socrate. — Wellington.— Duchesse de Berry.— Duchesse d'Angoulême.— Duc de Berry.— Charles X.— Louis XVIII.— Duc d'Enghien. — Duc d'Angoulême.— Roi de Prusse.— Duchesse de Berry.— Louis-Philippe. — Marie-Amélie. — Léopold Ier. — Sa femme. — Princesse Marie.— Duchesse de Nemours.— Duc de Penthièvre.

Welgwood (Epoque Louis XVI).

212. — Théière ovale terre noire avec danse de Nymphes en relief.

FAÏENCES

XVe ET XVIe SIÈCLES

213. — Différents carreaux de carrelage des époques gothique et Renaissance.

XVIe SIÈCLE

214. — Bouteille à cinq faces séparées par des fleurs de lis et ornée de personnages en relief. (Grès brun Italie (?).

Exposition rétrospective d'Arras 1896 (no 384).

215. — Grande cruche ovoïde : la panse ornée d'armoiries.

Haut. : 0 m. 38.

ROUEN ANCIEN

216. — Très belle soupière, décor polychrome fleurs et cachemir, par Guillibaud.

Larg : 0 m. 45.

ROUEN

217. — Cuvette octogone, décor polychrome.

DOUAI ANCIEN

218. — Petite écuelle et plateau, décor polychrome.

DELFT ANCIEN

219. — Bouteille à Thé, décor bleu.

VIEUX DELFT

220. — Plat rond, décors polychromes dits « au Tonnerre ».

Diamètre : 0 m. 34.

VENISE

221. — Plat ovale à reliefs représentant l'*Enfance de Bacchus*.

Larg. : 0 m. 34. — Haut. : 0 m. 25.

XVIIe SIÈCLE

222. — Bénitier en faïence des Abruzzes, avec relief d'anges et couronne. Décor polychrome.

CASTELLI ANCIEN

223. — Médaillon ovale représentant la Croix rayonnant sur le monde.

CASTELLI MODERNE

224. — Deux rythons, décor polychrome.

NEVERS ANCIEN

225. — *Sainte Anne et la Vierge*, grande statuette polychrome (XVIIIe siècle).

226. — Grande aiguière en grès, par ZIEGLER.

227. — *Saint Clément.*

Grande et importante pièce de surtout représentant Bacchus et des Bacchants portant chacun des tonnelets mobiles.

NOTA. — *Toutes les figures des Bacchants se détachent du groupe principal.*

Décor polychrome et marbré.

Haut. : 0 m. 49.

MINGHETTI DE BOLOGNE

228. — *Mater dolorosa*, dite de Nuremberg. (Buste)

Exposition rétrospective d'Arras, 1896 (n° 380).

Haut : 0 m. 45.

229. — Calice, décor polychrome, par TORTAT, DE BLOIS.

— Encrier ovale style Renaissance, par ULYSSE DE BLOIS.

230. — Paire d'aiguières à anses formées par un satyre. Décor polychrome (fabrication de Blois).

— Deux flambeaux, même fabrication.

— Deux vases à anses verticales, même fabrication.

— Deux cornets, fond bleu rehaussé d'or, même fabrication.

231. — Deux petits plateaux, décor polychrome.

232. — Jardinière ronde.

233. — Jardinière de Longwy.

234. — Plat rond *au chiffre de François Ier*, décor polychrome à reflets métalliques.

Diamètre : 0 m. 27.

STRASBOURG

235. — Petit plateau creux rectangulaire.

ULYSSE DE BLOIS.

236. — Deux bonbonnières à reflets métalliques.

237. — Grand plat, fond bleu, imbrications blanches, jaunes et vertes, façon de Nevers.

Diamètre : 0 m. 485.

238. — Plateau à épices, à trois récipients, décor polychrome or, *aux armes de la famille d'Orléans.*

239. — Deux plats, décor moderne, dont un par Tortat de Blois.

240. — Encrier, décor polychrome (imitation de Marseille).

241. — Jardinière ovale, décor bleu, fond bleu, imbrications blanches et jaunes.

Longueur : 0 m. 41.

242. — Cruche en grès moderne.

NOVE.

243. — Paire de flambeaux, figures de femmes. Décor polychrome, fleurs.

244. — Ecuelle, couvercle et son plateau. Décor polychrome, fleurs.

245. — Coupe et une aiguière fond bleu, *au chiffre et à la salamande de François Ier*, par Tortat de Blois.

246. — Trois petites coupes, fabrique de Satzuma. Décor polychrome et or : personnages et fleurs, socles en bois sculpté.

247. — Paire de vases japonnais ornés de personnages rehaussés d'or, fabrique de Kioto.

Haut. : 0 m. 34 (socle compris).

248. — Deux bouteilles, Japon. Décor de fleurs de pêcher et de perroquets, (une fracturée).

Haut. : 0 m. 31.

FERRONNERIE

XVIe SIÈCLE

249. — Très belle clef en fer forgé, ciselé et doré. — Provenant de l'oratoire du château de Gisors.

Exposition rétrospective d'Arras, 1896 (no 483).

250. — Clef dite « passe-partout », fer forgé, ciselé et doré. — Provenant de l'oratoire du château de Gisors.

Exposition rétrospective d'Arras, 1896 (no 484).

XVIe SIÈCLE (*Style du*)

251. — *Miroir.* — Cadre en fer repoussé, orné de masques et de cariatides femmes.

Haut. : 0 m. 53. — Larg. : 0 m. 40.

XVIe ET XVIIe SIÈCLES

252. — Cinq clefs ciselées et ouvrées.

ÉPOQUE LOUIS XIV

253. — Superbe montre en fer repoussé, ciselé et doré.

Travail dans le goût de Bérain, mouvement de Jean Plan à Paris (le cadran est moderne).

Exposition rétrospective d'Arras, 1896 (no 441).

XVIe SIÈCLE

254. — Grands et beaux chenets, fer forgé et ouvré, formant liandiers avec porte-pots.

XVIe SIÈCLE (*Style du*)

255. — Pelle et pincette de travail analogue aux chenets.

XVIIe SIÈCLE

256. — Fer. — Passe-partout avec double panneton et anneau mobile orné d'un chef ouvré.

257. — Paire de chenets en fonte avec pelle et pincette.

XVIe SIÈCLE (*Style du*).

Paire de grands liandiers en fer forgé.

OBJETS DIVERS

ANTIQUE

259. — Quatre bas-reliefs en pierre, avec inscriptions cunéiformes.

260. — Vase étrusque forme balustre, couverte noire.

261. — Huit vases, dont un Lecytus à fond blanc orné d'animaux noirs et rouges (Ile de Chypre).

ÉPOQUE MÉROVINGIENNE

262. — Deux clefs en bronze.

XVe SIÈCLE.

263. — Christ bronze ciselé et doré.

XIVe SIÈCLE

264. — *Saint-Martin*, — Plaque de pélerinage en argent (fracturée à un angle).

XVIIe SIÈCLE.

265. — Chapelet orné de médailles de pélerinages et de croix processionnelles. — Statuettes, la plupart en argent.

266. — Cuiller à encens, le pommeau frappé d'une fleur de lis et des lettres C. L.

267. — Christ pour crucifix, en buis sculpté.
Autre incomplet.

268.— Bonbonnière époque Louis XVI, peinte au vernis de Martin, vert d'eau. — Dans le médaillon, portrait de Louis XVI et de Marie-Antoinette et monument funèbre de Louis XVII, dauphin. — Travail de l'époque.

269.— Tabatière ronde cuir bouilli. — Naissance du duc de Bordeaux.
Tabatière avec effigie de Louis XVIII.
Autre avec effigie de la duchesse d'Angoulême.
Autre avec effigie de Henri IV.

ETAIN

270. — Plat en étain représentant en relief la *Belle Jardinière*, d'après Van Loo, ciselé par Demoulin.

Exposition rétrospective d'Arras 1896, (nº 387).

271.— Grand plat ancien, rond (étain) orné d'armoiries.— Epoque Louis XIV.

Exposition rétrospective d'Arras 1896, (nº 385).

Divers plats époque Louis XV, à bords contournés.
Horloge et sa caisse.
Bassinoire cuivre jaune, époque Louis XIV.
Horloge époque Louis XV.

VERRERIE

272. — Aiguière à rafraîchir le vin, aux armes de France et aux chiffres de Diane de Poitiers.
Provient de la famille de Barbazan.

Exposition rétrospective d'Arras 1896, (nº 382).

ARMES

273. — Yatagan turc, poignée en corne de rhinocéros.
Fourreau garni en argent repoussé et ciselé.

Long. : 0 m. 80.

274. — Deux épées de l'époque de la première République.

ARMES CELTES

275. — Deux haches en silex.
Deux autres en pierre polie.
Lot considérable de Nucleus.
Haches, couteaux, flèches et autres ustensiles préhistoriques.

ARMES GAULOISES

276. — Quatre haches et deux pointes de scaramax en bronze.
Ambon en fer.
Hache de fer
Boucles et plaques de ceinturon en fer.
Torque mérovingienne.

EPOQUE GOTHIQUE

277. — Fer : Trois éperons des XV et XVIe siècles.

MUSIQUE

278. — Violon-alto portant à l'intérieur l'étiquette ANTONIO *Stradivarius Cremonensis faciebat.*
Instrument d'une très belle forme.

Violon ancien portant à l'intérieur l'étiquette de ETIENNE DROUEN, à Mirecourt. Deux archets.

TABLEAUX

BALEN

(HENRI VAN).

280. — *Le repos en Egypte :* Vierge assise entourée d'anges et de St-Joseph (bois).

Haut. : 0 m. 22. — Larg. : 0 m. 30.

BATON

(ZACHARIE)

281. — *Bords de la mer à Trouville.*

Haut. : 0 m. 25. — Larg. : 0 m. 45.

BLŒMAERT

(Genre D'ABRAHAM)

282. — *L'adoration des mages* (bois).

Haut. : 0 m. 61. — Larg. : 0 m. 48

BOUCHER

(FRANÇOIS)

283. — *Jupiter et Junon*, esquisse pour un plafond (cadre en bois sculpté).

Haut. : 0 m. 31. — Larg. : 0 m. 35.

BRAMER

LÉONARD (élève de REMBRANDT.)

284. — *Tète de jeune homme.* Il est coiffé d'une toque ornée de bijoux et porte au cou un collier d'or.

Haut. : 0 m. 36. — Larg. 0 m. 26.

BREUGHEL

(JEAN)

285. — *Place de Village un jour de marché* (sur bois).

Haut. : 0 m 12. — Larg. : 0 m. 17.

CHAMPAIGNE

(PHILIPPE DE)

286. — *Portrait de Arnauld d'Andilly.*

Ce célèbre personnage est représenté assis, le bras droit appuyé sur un rocher, tenant de la main gauche un pli portant le monogramme des premiers chrétiens.

Ph. de Champaigne se retira à Port-Royal, où sa fille était religieuse, c'est à cette époque qu'il fit le portrait ci-dessus désigné vers 1664.

Ce tableau est très bien conservé, de la plus belle manière du peintre, en superbe état de conservation.

Œuvre des plus remarquables et des plus intéressantes pour l'histoire de Port-Royal des Champs.

Haut. : 1 m. 15. — Larg. : 0 m. 96.

CHAMPAIGNE

(PHILIPPE de)

287. — *Portrait de sa femme*, représentée assise et montrant un cadre dans lequel est le portrait de la mère de l'artiste.

Haut : 1 m. 37. — Larg. 1 m. 03.

Ce très remarquable portrait est en très bel état de conservation.

Il a été cité dans différents ouvrages sur l'Histoire de la Peinture flamande, ainsi que dans les Guides des amateurs et connu dans cette collection depuis plus d'un demi-siècle.

T. CHAUVEL

288. — *Un chemin creux.*

Haut. : 0 m. 51 — Larg. 0 m. 90.

CICÉRI

289. — *Paysage.*

Haut. : 0 m. 09. — Larg : 0 m. 15.

CICÉRI

(Eugène) (d'après Vélasquez).

290. — *Tête de Vieillard* (sur bois).

Haut : 0 m. 135. — Larg. : 0 m. 105,

CLOUET

(Ecole de)

291. — *Portrait d'une duchesse de Luynes*, représentée en buste coiffée du hennin. Cadre en bois sculpté.

Haut. : 0 m. 22. — Larg. : 0 m. 16.

COLIN

(Gustave)

292. — *Vallon près de St-Sébastien* (bois).

Étude d'une très belle qualité.

Haut : 0 m. 36. — Larg. : 0 m. 40.

COLIN

(Gustave)

293. — *La baie de Passages.*

Haut : 0m. 79 — Larg. : 1 m. 23.

COROT

(*Ecole de*)

294. — *Paysage.*

Haut. : 0 m. 33. — Larg. : 0 m. 54.

295. — *Une saulée.*

Haut. : 0 m. 24. — Larg. : 0 m. 37.

CUYLEMBOURG

296. — *Baigneuses* (bois).

Haut. : 0 m. 36. — Larg. : 0 m. 58.

DEFER

La Corne d'or, à Constantinople.

Haut. : 0 m. 18. — Larg. 0 m. 23.

DE KOLER

(1623).

298.— *Réunion de famille* : le père, la mère et l'aïeule sont entourés de six enfants représentés à mi-jambes.

Ce tableau curieux porte la signature de ce peintre sur un papier que tient le fils aîné de la maison.

Haut. : 1 m. 12. — Larg. : 2 m.

DENEUX

299. — *Village dans l'Artois.*

Haut. : 0 m. 27. — Larg. : 0 m. 35.

DESAVARY

(Charles)

300. — *Paysage* (effet du matin).

Haut. : 0 m. 19. — Larg. : 0 m. 26.

301. — *Sous bois.*

Haut. : 0 m. 50. — Larg. : 0 m. 60.

302. — *Verger au printemps.*

Haut : 0 m. 32. — Larg. : 0 m. 40.

303. — *Lisière de bois.*

Haut. : 0 m. 23. — Larg. : 0 m. 21.

304. — *Trembles près d'une mare.*

Haut. : 0 m. 30. — Larg. : 0 m. 23.

305. — *Paysage.*

Haut. : 0 m. 17. — Larg. : 0 m. 30.

ECOLE MODERNE.

306. — *Paysage* (vue prise en Suisse).

Haut. : 0 m. 50. — Larg. : 0 m. 70.

DESAVARY

307. — *Moulin à eau.*

Haut : 0 m. 40. — Larg. : 0 m. 30.

DREUX-DORCY

308. — *Tète de jeune femme.*

Haut. : 0 m. 48 — Larg. : 0 m. 38.

DUBOIS

(Désiré)

309. — *Vue prise dans le département de l'Indre.*

Haut. : 0 m. 76, — Larg. : 1 m. 66.

310. — *Paysage* (soleil couchant).

Haut : 0 m. 32. — Larg. : 0 m. 45.

311. — *Une plaine d'Artois.*

Haut. : 0 m. 34 — Larg. : 0 m 48.

DUTILLEUX

312. — *Ferme près Arras.*

313. — *La gorge aux loups*, à Fontainebleau.

Haut. : 0 m. 37. — Larg. : 0 m. 46.

314. — *La mare aux fées*, à Fontainebleau.

Haut. : 0 m. 32. — Larg. : 0 m. 43.

315. — *Paysage* (effet du matin).

ÉCOLE FLAMANDE (XVIe SIÈCLE)

316. — Grand volet de dyptique représentant *saint Charlemagne*, au revers figure représentant *sainte Anne* peinte en grisaille.

ECOLE FRANÇAISE (XVIe SIÈCLE)

317. — *Saint Roch et deux donataires*, tableau votif dont le cadre est taillé dans la masse.

Haut. : 0 m. 13 — Larg. : 0 m. 185.

ÉCOLE FRANÇAISE

318.— *Portrait de Marie-Antoinette*, ayant figuré à l'Exposition rétrospective de 1896, avec la désignation suivante:

« Superbe portrait de Marie-Antoinette au Temple (pastel). — Provient de Mme Mercier, petite-fille d'un capitaine de la garde royale suisse, demeurant à Lutry, canton de Vaux ».

0 m. 40 sur 0 m. 41.

ECOLE MODERNE

319. — *Paysage* (lisière de forêt).

320. — *Paysage*.

321. — *Paysage*.

322. — *Tête de vieille*.

Haut. : 0 m. 22. — Larg. : 0 m. 16.

ECOLE VÉNITIENNE (XVIe SIÈCLE).

333. — *Portrait de femme*, vue à mi-corps, costume noir avec boutons et broderies d'argent.

Coiffure à la Marie Stuart, le cou entouré d'une collerette et les manches de vêtement de guipure de Venise.

Beau cadre en bois sculpté.

Haut : 0 m. 80. — Larg. : 0 m. 62.

POEL

(Egbert Van der)

324. — *Incendie d'une maison à Anvers* (bois).

Haut. : 0 m 44. — Larg. : 0 m. 57.

FALENS

(Van)

325. — *Rendez-vous de chasse*.

Importante composition d'une belle tonalité.

Haut. : 0 m. 45. — Larg. : 0 m. 59.

FRANCK

(François)

326. — *Adoration des Mages* (bois).

Haut : 0 m. 34. — Larg. : 0 m. 44.

FRÈRE

(Théodode)

327. — *Entrée d'un café turc.*

Importante composition (nº 800 du salon de

Haut. : 0 m. 54. — Larg : 0 m 64.

328. — *Arabes à l'entrée d'un oasis* (Soleil couchant).

Haut : 0 m. 48. — Larg. · 0 m. 64.

329. — *Fontaine près d'un café turc.*

Haut. : 0 m. 32. — Larg. : 0 m. 46.

GÉRÉ

330. — *Paysage* (Bord de rivière) (bois).

Haut : 0 m. 19. — Larg. : 0 m. 22.

GIORGIONE

(D'après Bartolomée.)

331. — *Musiciens dans la campagne de Rome.*

Cadre bois sculpté.

Haut. : 0 m. 38. — Larg. : 0 m. 45.

GROSEILLIEZ

(Marcellin de)

332. — *Paysage.*

Haut. : 0 m. 42. — Larg. : 0 m. 63.

GREUZE

(Attribuée à Jean-Baptiste)

333. — *Tête de jeune garçon.*

Haut. : 0 m 41. — Larg : 0 m. 33.

REMBRANDT

(Ecole de)

334. — *Tête de vieillard*, coiffée d'une toque.

Haut. : 0 m. 63. — Larg. : 0 m. 48.

JOUVENET

(D'après JEAN)

335. — *Christ en croix.*

Haut : 1 m 40. — Larg. : 0 m. 69

JUGELET

336. — *Six petites marines* fixées sous verre.

LA HIRE

(LAURENT de)

337. — *L'été.*

Haut. : 0 m 88. — Larg. : 0 m. 78.

338. — *L'automne.*

Haut : 0 m. 88 — Larg. 0 m. 78.

LARGILLIÈRE

(NICOLAS de)

339. — *Portrait d'un abbé* (forme ovale).

Beau portrait, le personnage représenté en buste a l'avant bras droit replié devant lui.

Très bel état de conservation. — Cadre de l'époque en bois sculpté.

Haut. : 0 m. 72. — Larg. : 0 m. 60.

LAURENS

340. — *Vue des côtes de Provence.*

Haut. : 1 m. 15. — Long. : 1 m. 68.

LE FEBVRE

(CLAUDE)

341. — *Portrait de Benjamin Priolo*, chevalier de Venise, célèbre écrivain français. — Forme ovale.

Représenté en buste, vu de trois quart, la main droite tient une plume, écrivant la main gauche appuyée sur un livre près duquel est un sablier. — Cadre de même époque bois sculpté.

Haut. : 0 m. 78. — Long. : 0 m. 62.

Ce tableau a été reproduit en gravure par N. Piteau, *en 1663.*

LUINI

(Bernardino)

342. — *Le sommeil de l'Enfant Jésus.* (Bois).

La Vierge est vêtue d'une robe rouge avec collerette transparente ; ses deux mains soutiennent le divin enfant. Près d'elle sont saint Jean et deux anges dont l'un tient un rouleau de papier.

Haut. : 1 m. 03. — Long. : 0 m. 80.

MABUSE

(Attribuée à Jean de)

343. — *La Vierge tenant l'enfant Jésus* (sur bois)

Cadre en bois sculpté.

Haut. : 0 m 68. — Long. : 0 m. 48.

MIGNARD

(D'après)

344. — *La vierge au raisin.*

Haut. : 1 m. 16. — Long. : 0 m. 93.

MOLENAER

345. — *Intérieur de tabagie* (Bois).

Haut. : 0 m. 27. -- Long. : 0 m. 22.

PARMESAN

(François)

346. — *Sainte Philomène.*

Haut. : 0 m. 98. — Larg. : 0 m. 68.

PERRIN

347. — *Village dans les Pyrénées.*

Haut. : 0 m. 32. — Larg. 0 m. 46.

348. — *Village dans les Pyrénées.*

Haut : 0 m. 32 = Larg. : 0 m. 46.

RICCI
(Sébastien)

349. — *La Nativité.*

Très importante composition : La Vierge représentée montrant le divin enfant est entourée de bergers et d'autres figures qui viennent le saluer et le baiser. — Au dessus d'elle une gloire d'ange.

Très bel état de conservation.

Haut. : 0 m. 98. — Larg. : 0 m. 74.

SCHALKEN
(Godefroy)

350. — *Un moine méditant sur les vanités humaines.*

Haut. : 1 m. 33. — Larg. : 0 m. 98.

SCHEFFER
(D'après Ary)

351. — *Episode des massacres de Janina.*

Haut. : 0 m. 88. — Larg. : 0 m. 76.

THÉPONT

352. — *Paysage* (effet de matin).

Haut. : 0 m 23. — Larg. : 0 m. 34.

VALLÉE
(Ernest)

353. — *Une mare sous bois.*

Haut. : 0 m. 32. — Larg. : 0 m. 46.

354. — *Chemin en Normandie* (Effet de soleil couchant, sur le chemin quelques canards).

Haut. : 0 m. 32. — Larg. : 0 m. 46.

VAN DYCK
(*Ecole de* Antoine)

355. — *Sainte-Famille et Donataire.*

Haut. : 0 m. 95. — Larg. 0 m. 80.

VAN LOO

356. — *Portrait de Zamor* (ovale, sur bois).

Haut. : 0 m. 15. — Larg. 0 m. 115.

DESSINS

NOEL

(Adam)

Départ pour la chasse (époque Louis XV). Aquarelle.

Haut. : 0 m. 12. — Larg. : 0 m. 155.

GRIGNY

358. — Dessins de Grigny pour la façade de l'hôtel de M. Deusy et autres constructions.

Lustre d'église.
Pinacle de l'hôtel Deusy.
Chapelle de la Sainte Chandelle d'Arras.
Une chaire.
Un autel.
Chaire pour la commune d'Oignies (deux dessins).
Maître-autel pour la commune de Villeman.
Maître-autel de l'église de St-Géry d'Arras.
Eglise de Saint-Cordon (Valenciennes) (trois dessins).

BARRY

359. — *Ruisseau de Fousseret* (dessin au fusain).

Haut : 0 m. 52. — Larg. : 0 m 38.

360. — *Vue du village de Pibrac* (dessin au fusain).

Haut. : 0 m. 26. — Larg. : 0 m. 41.

361. — *Vue du château de Barbazan* (dessin à la plume).

Haut : 0 m. 22. — Larg. : 0 m 29.

362. — *Bords de la Seine* (fusain).

363. — *Portrait de l'artiste* (1887).

364. — Trois dessins à la plume : deux paysages et une nature morte.

365. — Quatre paysages (fusain et crayon noir).

366. — Trois dessins représentant : une Mare, Paysage, Chemin bordé de saules.

367. — Une nature morte (lièvre).

368. — *Forêt de Fontainebleau.*
Village de Courrières.

369. — Sous bois.
Un chemin de saules.
Une mare.

370. — *Etude de chêne dans la forêt de Fontainebleau.* (Dessin au fusain).

371. — *Paysage* (Dessin au fusain).

372. — *Bord de rivière* (Dessin au fusain).

373. — *Bord de rivière* (Dessin au fusain).

374. — *Une route dans la forêt de Fontainebleau* (Dessin au fusain).

375. — *Bord de rivière.* (Dessin au fusain).

376. — *Une vue prise dans les Pyrénées.* (Dessin au fusain).

CICÉRI
(Eugène)

377. — *Intérieur d'une grange.*
Chûte d'eau dans les Pyrénées.
Intérieur d'une étable.
Coupe de bois en forêt.
(Quatre fusains).

378. — *Village de Barbizon.*
Village dans les Alpes.
Intérieur d'une forge (avec lithographie de l'artiste).

CORNEILLE
(Michel)

379. — *Le Temps découvrant la Vérité* (Dessin à la sanguine).
Haut. : 0 m. 33. — Larg. : 0 m 21.

DAVERDOINGT

380. — Deux aquarelles (Paysages).

DELACROIX
(Eugène)

381. — *Enlèvement d'une Sabine* (Dessin à la sanguine et à la plume).

DONCRE

382. — *Portrait d'homme* (Dessin rehaussé).

Haut. : 0 m. 33. — Larg. : 0 m. 25.

DAVID

(Attribuée à Louis)

383. — *Journée du 18 brumaire* (Importante aquarelle).

Haut. : 0 m. 41. — Larg : 0 m. 66.

DESAVARY ET AUTRES

384. — Six études peintes à l'huile.

DUTILLEUX
BARRY
CLAYSENS

385. — Trois dessins (Paysages et fleurs).

DUTILLEUX

386. — *Paysages* (Trois dessins au fusain).

DUVERNEY

(Paul)

387. — *Vue du clocher de Bruges* (Aquarelle).
388. — *Barque à Cannes* (Aquarelle).
389. — *Le pont de la tour, à Londres* (Aquarelle).
390. — *Vue prise à Anvers* (Aquarelle).
391. — *Rue à Villefranche* (Aquarelle).

ECOLE FRANÇAISE (XVIIe SIÈCLE).

392. — *Portrait présumé de Mlle de la Valière* (gouache sur velin).

Haut. : 0 m. 165. — Larg. : 0 m. 21.

(XVIIIe SIÈCLE).

393. — *Gluck à la Cour.*

Ce célèbre artiste est représenté touchant du clavecin et

entouré de divers instrumentistes et de nombreux personnages de la Cour.

(Gouache du temps)

Ce sujet, est des plus intéressants, tant par la scène représentée que par la beauté et l'intérêt des costumes. — L'une des femmes semble être la célèbre du Barry.

Haut. : 0 m. 14. — Larg. : 0 m. 23.

394.— Huit dessins attribués à BOUCHER, HUET, LEPRINCE, SWEBACH, etc.

395. — 12 dessins attribués à : BLONDEL, SWEBACH, PANINI, LARUE, etc.

ECOLE MODERNE

396. — Signé : LAUNAY, RUOMAN et autres; aquarelles.

397. *Passage d'un gué* (Dessin fait au grattoir).

Haut. : 0 m. 13. — Long. : 0 m. 21.

FINOT

(le Baron)

398. — *Une chasse en forêt* (Aquarelle).

Haut. : 0 m. 11. — Larg. : 0 m. 09.

399. — *Une chasse aux cerfs* (Aquarelle).

Haut. : 0 m 11. — Larg. : 0 m. 09.

FLERS

(CAMILLE)

400. — *Mare dans la forêt de Fontainebleau.* (Dessin rehaussé).

Haut. : 0 m. 28. — Larg. : 0 m, 38.

FRÈRE

(THÉODORE)

401. — *Oasis* (Dessin rehaussé, de forme ovale).

Haut. : 0 m. 21. — Larg. : 0 m. 285.

Monogramme G. C.

402. — *Vue de la mosquée de Ouargla* (Aquarelle).

Haut. : 0 m. 35. — Larg. 0 m. 25.

GROISEILLIEZ

(MARCELLIN de)

403. — *Bords de rivière* (dessin au fusain).

Haut. : 0 m. 21. — Larg. : 0 m. 33.

GUDIN

404. — *Marine* (Sépia).

GUIGNET

(ADRIEN)

405. — Deux aquarelles : *Rue de village, cours d'eau. Vue prise en Palestine* (dessin rehaussé).

D'HAUSSY

406. — *Têtes de vieillard* (dessin au pastel).

XVIIIe SIÈCLE

Sacrifice d'Abraham (tête de jeune homme rehaussée de blanc).

HEILBUTH

407. — *Une mare à Fontainebleau*, automne (Aquarelle).

Haut. : 0 m. 18. — Larg : 0 m. 28.

ISABEY

(JEAN-BAPTISTE)

408. — *Un bal à Tivoli* (*1828*) (Gouache).

Haut. : 0 m. 085. — Larg. : 0 m. 13.

JONNART J.

(1893)

409. — *Sainte Agnès* (Aquarelle).

Haut. : 0 m. 15. Larg. 0 m. 115.

LAFAIGE

(DE GAILLARD)

410. — *Troupes d'infanterie dans un village* (Effet de neige).

MERCIER
(Roth)

411. — *Cloître florentin* (Aquarelle).

Haut. : 0 m. 36. — Larg. 0 m. 55.

NETSCHER
(Constantin)

412. — *Portrait de femme*, représentée en Pomone accompagnée de Vertume. — (Beau dessin à la sanguine).

Haut. : 0 m. 415. — Larg. 0 m. 34.

PATEL

413. — *Paysage*, peinture à la gouache (cadre en bois sculpté).

Diamètre : 0 m 13,

PERROT
(Ferdinand)

414. — *Barque normande* (Sépia rehaussée).

Haut. : 0 m 24. — Larg : 0 m 37.

SCHUT
(Corneille.)

415. — Dessin à la sanguine : *Sainte-Famille*.

Haut. : 0 m. 38. — Larg. : 0 m. 31.

TOURNEMINE
(Charles de)

416. — *Vieux Château-fort* (Aquarelle).
Paysage (Dessin à la mine de plomb).

TRINQUESSE

417. — Douze dessins et contre épreuves.
Portraits de la femme et de la fille de l'artiste.

VAN LOO

418. — Tête de religieuse (Dessin).

D'HAUSSY

Etude de femme (Dessin).
Portrait de l'artiste (Dessin).

DESTOUCHE

Modèle de vase (Dessin).

MINIATURES

XIe au XVe SIÈCLE

419. — Treize feuilles provenant d'Antiphonaires. Elles sont ornées de lettres chargées d'arabesques et de personnages, scènes relatives à l'histoire de la religion.

XVe SIÈCLE.

420. — Deux pages de manuscrit ornées de grandes miniatures, l'une concernant les œuvres de Valère Maxime et l'autre le septième péché capital.
(En très bel état de conservation).

421. — *Duguesclin présenté à Charles V.*
(Miniature sur vélin).

Haut. : 0 m. 170.— Long. : 0 m. 120.

Cette miniature, d'une superbe conservation et dont les portraits sont d'un intérêt considérable, est intéressante encore par les costumes et la richesse du trône du roi.

Exposition rétrospective d'Arras, 1896 (no 460).

422. — *Funérailles de Duguesclin* (miniature sur velin). La scène représente la présentation de son cœur au roi Charles V. Le départ de son corps pour la cathédrale de Saint-Denis en présence de Tiphaine Raguenel.

Haut. : 0 m. 173. — Long. : 0 m. 115.

Mêmes observations et remarques que le no précédent.

Exposition retrospective d'Arras, 1896 (no 461).

FIN DU XVe SIÈCLE.

423. — *La Reine de Saba présentée à Salomon* (Miniature sur velin).

Exposition rétrospective d'Arras, 1896 (no 462).

Cette remarquable miniature est intéressante au point devue de sa composition artistique et de la richesse des costumes représentés.

XVe ET XVIe SIÈCLES.

424. — Deux grandes lettres ornées avec personnages représentant la Résurrection du Christ et saint Pierre et saint Paul.

Deux feuilles de livre d'heure ornées de peintures à la gouache

XVIe SIÈCLE

425. — *François Ier*.

Ce monarque est représenté debout en costume blanc orné de rayures noires rehaussées d'or. — Son manteau garni de velours rouge à broderie d'or. — Il est coiffé d'une toque noire avec plumes blanches. — Au-dessus de sa tête est l'inscription « Franciscus dei. grat. fr. rex. »

Haut. : 0 m. 145 — Long. : 0 m. 092.

Exposition rétrospective d'Arras, 1896 (no 452).

Portrait remarquable, peint du temps de ce prince.

FOUCQUET

(JEAN)

426. — Deux miniatures (dans le même cadre) représentant saint Michel et les chevaliers du même ordre (cadre en bronze doré).

Haut. : 0 m 055. — Long. : 0 m. 093.

Exposition rétrospective d'Arras (no 429).

427. — *François II, roi de France.*

Ce prince est représenté debout, vêtu d'un pourpoint et d'un haut-de chausses à rayures noires. — Son manteau bleu doublé d'hermine est rehaussé d'or. Près de lui, sur une table couverte d'un tapis bleu semé de fleurs de lis d'or, sont posés la couronne, le sceptre et la main de justice sur un coussin rouge. En haut, les armes de France sommées de la couronne.

(*D'un très grand intérêt*).

Haut. : 0 m. 13. — Long. : 0 m 08.

Exposition rétrospective d'Arras, 1896 (no 455).

428. — *Charles IX.*

Représenté debout, vêtu d'un costume bleu rehaussé d'or, — il est couvert d'un manteau de velours noir, brodé d'or.— Près de lui les armes de France comme au n° précédent.

Exposition rétrospective d'Arras, 1896 (n° 456).

Miniature des plus intéressantes.

Haut. : 0 m. 13. — Long. : 0 m. 08

429. — *Henri II, roi de France* (Miniature sur velin).

Ce roi est représenté en pied, vêtu d'un pourpoint et d'un manteau de velours noir, rehaussé d'or. — Il a la tête vue de profil coiffée d'une toque ornée de broderies d'or et d'une plume blanche ; les jambes sont vêtues d'un maillot blanc avec chaussures à crevés. — Le fond bleu de roi est semé de fleurs de lis d'or.— Sur une colonne richement ornée est l'inscription suivante : « Henricus D L P H F R Aet-Suae. XXI ann. MDXXXIX »

Exposition rétrospective d'Arras, 1896 (n° 454).

Portrait du plus grand intérêt historique, dont la rareté égale le portrait de son père cité précédemment.

Haut. : 0 m. 255. — Long. : 0 m. 172.

430.— Trois frises peintes sur vélin, fond bleu et or : l'une au chiffre de Louis XII et d'Anne de Bretagne, une autre avec le porc épic, la troisième ornée d'arabesques.

431. — *Portrait de Philippe II roi d'Espagne et d'Elisabeth de Valois* (Miniature du temps).

Cadre en bronze ciselé et doré, style Louis XVI.

Haut. : 0 m. 09.

432.— *Portrait de Claude de France*, représentée en buste, ses armoiries près d'elle.

Cadre en bois sculpté, époque Louis XIV. (Cuivre).

Haut. : 0 m 075

Exposition rétrospective d'Arras, 1896 (n° 444).

433. — *Portrait de Mme de Montsoreau*, sur cuivre.

Haut. : 0 m. 065.

Exposition rétrospective d'Arras, 1896 (n° 449).

434. — *Portrait de femme.*

Haut. : 0 m. 038

Exposition rétrospective d'Arras, 1896 (n° 445).

435. — *Portrait de femme.*

Haut. : 0 m. 040.

Exposition rétrospective d'Arras (n° 446).

436. — *Jeanne de France, femme de Louis XII* (sur cuivre).

Haut. : 0 m. 08. — Larg. : 0 m. 07

Exposition rétrospective d'Arras, 1896 (n° 448).

437. — *Louis XII.* Miniature du temps, peinte sur cuivre. *Portrait des plus curieux.*

Haut. : 0 m 054

Exposition rétrospective d'Arras, 1896 (n° 447)

438. — Deux verres églomisés: — l'un représente la Vierge tenant l'enfant, et deux saints ; — l'autre, saint François. (Art vénitien).

XVIe SIÈCLE (*Style du*).

439. — « *Franciscus I. D. G. Francorum rex* ».

Portrait médaillon sur papier ; crayon rehaussé de couleurs, ayant servi pour faire le portrait sur émail.

Diametre : 0 m. 195.

XVIIe SIÈCLE

BENOIST

(ANTOINE)

440. — *Portrait de la reine Marie-Thérèse.*

Elle est représentée en buste, coiffée à la Ninon. Sa tête est ornée d'une couronne de France semée de pierres précieuses. Le cou entouré d'un très beau collier de perles. Le corsage orné également de même. Le manteau, accroché sur l'épaule par un ferret orné de perles, est bleu, semé fleurs de lis d'or.

Exposition rétrospective d'Arras, 1896 (n° 458).

Importante et remarquable miniature que nous croyons unique.

Haut. : 0 m. 415. — Larg. : 0 m. 315.

441. — *Portrait d'un gentilhomme* (époque Louis XIII), sur cuivre (étui du temps en chagrin).

Haut. : 0 m. 07.

Exposition rétrospective d'Arras, 1896 (n° 442).

KLINGSTEDT

442. — *Religieuse à sa toilette.*

Fort jolie miniature sur ivoire, dans son étui en écaille piqué d'or (travail de même époque).

Haut. : 0 m. 064. — Larg. : 0 m. 085.

Exposition rétrospective d'Arras, 1896 (n° 463)

RIGAUD

(Attribué à HYACINTHE)

Portrait du roi Louis XIV, entouré de quatre médaillons représentant ses fils.

Le médaillon du roi, entouré de trois génies dont un porte la couronne de France.

Le tout sur un fond pourpre semé de fleurs de lis d'or (Petit cadre en bois sculpté).

Exposition rétrospective d'Arras, 1896 (n° 457).

Haut. : 0 m. 115. — Larg. : 0 m. 095.

444. — *Saint Pierre* (Miniature sur velin découpée au canivet), décor polychrome de roses. Fort joli cadre en bronze ciselé et doré de l'époque Louis XIII.

Haut. : 0 m. 18.

EPOQUE LOUIS XIV.

445. — *Portrait de femme*, sur cuivre (cadre en bronze doré).

Haut. : 0 m. 04.

446. — Feuille de canon d'église, décorée dans le goût de Bérain.

EPOQUE LOUIS XV (*Régence*).

447. — *Portrait d'homme* (miniature sur velin).

ÉPOQUE LOUIS XV

448. — Miniature fixée sous verre : *Scène pastorale*. (Cadre en bronze doré).

Exposition rétrospective d'Arras, 1896 (n° 443).

Haut. : 0. m. 04.

ÉPOQUE LOUIS XVI

449. — *Portrait de L. de Barbazan* (Cadre en or avec chaînette et cadenas).

Diamètre : 0 m. 45.

Exposition rétrospective d'Arras, 1896 (nº 422).

VILLERS

(1788.)

450. — *Portrait de L.-A. de Barbazan*, monté sur une boîte en ivoire du temps.

Haut. : 0 m. 055.

Exposition rétrospective d'Arras, 1896 (nº 421).

FOY CORDELLE

(Comte)

451. — *Portrait de Louis XVII* (Signé), sur ivoire.

Provient de la collection Barbazan.

Haut. : 0 m. 04.

452. — Miniature sur émail. — *Portrait d'homme en buste.* — Cadre en or ciselé orné de perles fines ; avec attributs de musique.

Haut. : 0 m 075.

453. — *Marie-Antoinette* (Miniature sur émail) représentée en buste avec le grand cordon bleu. — Monture en or ciselé de l'époque. — Au revers, chiffres de la Reine, rapportés.

Haut : 0 m. 045

Exposition rétrospective d'Arras, 1896 (nº 439).

454. — *Portrait d'homme*, monté en broche.

Haut. : 0 m. 05.

GAUTHIER

455. *Portraits de Louis XVI et de Pie VI.* Deux miniatures en camaïeu bleu datées 1791.

Haut. : 0 m. 09.

XVIIIe SIÈCLE

456. — Cinq petites gravures hollandaises coloriées, représentant le Bon Pasteur, saint Pierre et trois sujets différents.

MOSAIQUE ROMAINE

457. — *Le temple de la Sibylle.*

Exposition rétrospective d'Arras, 1896 (no 388).

ÉCOLE FLAMANDE

Portrait de femme, daté 1587, ovale, cuivre.

0 m. 050 sur 0 m 038.

XIXe SIÈCLE

DAVIN

(Elisa)

458. — *Portrait de la duchesse de Berry* (Miniature sur ivoire).

Haut. : 0 m. 007

Exposition rétrospective d'Arras, 1896 (no 451).

ÉCOLE FLAMANDE

Portrait d'homme (cuivre).

Diamètre : 0 m. 080.

459 — *Portrait de femme* (Epoque de 1810).

Haut : 0 m. 083.

Portrait d'homme (même époque).

Haut. : 0 m 045

Portrait d'un militaire, sous-lieutenant aux chasseurs (même époque).

Haut. : 0 m. 044.

Portrait d'homme (ovale, cuivre).

Haut. : 0 m. 055. — Larg. : 0 m. 042.

460. — *Portrait du général Cavaignac.*
— *Portrait de femme*, costume du XVIe siècle.
— *Portraits de Louis XVI et de Marie Antoinette* (photographies peintes) Cadres en bronze doré.
— *Portrait de Dunois.*
— *Tête de vierge.*

GRAVURES

ALDEGREVER

461. — Deux pièces costumes allemands, numéros 10 et 11.

BAPTISTE

462. — Quatre vases fleurs.
Quatre ornements (Époque allemande).

BAUQUESNE

463. — *Le devoir* (Lithographie par Pirodon).

BEHAM, PARMESAN. LECLERCQ, A. BOSSE, CURTY

464. — Sept pièces diverses.

BIN
(D'après)

465. — *Prométhée* (gravé par Masson).

BOURDON
(Sébastien)

466. — *Un charbonnier* (Trois pièces).

CALLOT

467. — Petit album contenant cinquante-trois eaux-fortes de cet artiste, reliure veau.

468. — *La tentation de saint Antoine.*
Martyr de saint Sébastien.
Chars (Neuf pièces).
Acteurs (Dix pièces).
Deux paysages.

CARESME

469. — *La balançoire* (Gravure en couleur sans marges montée en dessin).

CHAMPAIGNE

470. — Son portrait gravé par Edelinck.

CHAMPAIGNE
(PHILIPPE DE) (D'après).

471. — Huit portraits de Arnauld d'Andilly.

DECAMPS

472. — *Samson écartant les colonnes du Temple* (Très belle épreuve).
Lithographiée par LEROUX.

DELAFOSSE
(QUEVERDO).

473. — *Trophées* (Quatorze pièces diverses).

DELLA BELLA

474. — Vingt eaux fortes.

DEVOSGE

475. — *Portrait de Jean-Jacques Rousseau* et cinq autres pièces diverses.

DUBUFE
(D'après)

476. — *Don Juan et Haydée* (Gravé par HALLÉ).

DURER

477. — Sept épreuves (bois) coloriées de l'époque, provenant d'une Bible.

DURER

478. — *L'adoration des Mages, saint Christophe, saint Jérôme.*

SADELER

La Vierge aux perroquets.

ÉCOLE FRANÇAISE XVIIIe SIÈCLE

479. — *Louis XVI* (en couleurs), *Comte de Vergennes* (en couleurs), *Madame* (fille de Louis XVI).

ÉCOLE MODERNE

480. — Treize pièces (Fac-simile d'aquarelles).
481. — Neuf pièces (Fac-simile d'aquarelles).

GAULTHIER (Léonard) et LECLERCQ (Sébastien)

482. — *Jugement dernier* (d'après Michel Ange et d'après Jean Cousin.
Frontispice,
La Vierge,
Deux autres pièces.

GOLTZIUS

483. — *La Passion* (Treize pièces).

HUET

484. — *Louis XVI couronné à Reims* (11 juin 1775).
L'heureux jour de la France (Gravure en couleurs par Briceau.
(Deux déchirures à la marge.)

LECLERCQ (Sébastien)

485. — Vingt-quatre eaux fortes (figures d'étude).

LUCAS DE LEYDE

486. — *Apôtres*. (Neuf pièces).

RAPHAEL (D'APRÈS)
ET ROMAIN (JULES)

487. — *Le prophète Elie.*
Une scène du pasteur.
(Deux fac-simile de dessin).

RAPHAEL.

488. — Portrait d'homme, gravé par Jacquet.

REMBRANDT
(D'APRÈS)

489. — *Le petit prêche.*
Trois têtes de vieillard.

VÉLASQUEZ
(D'APRÈS)

490. — *L'atelier de tapisserie*, gravé par Giroux.
(Très belle épreuve).

VESTIER

491. — *Portrait de Latude*. — (Belle épreuve.)

XVIIe SIÈCLE

ECOLE FRANÇAISE

492. — Lepautre et autres.

XVIIIe SIÈCLE

493. — VASES. — Saly.

394.— *Adieux de Louis XVI à sa famille.*—(Dessus boîte).

495.— Divers cartons contenant des gravures anciennes d'après BEAUDOUIN, BOUCHER, POUSSIN, RAPHAEL, Joseph VERNET et autres maitres des anciennes écoles.

Ces gravures seront vendues par lots.

DENTELLES, BRODERIES, ÉTOFFES, TAPISSERIE

BAILLEUL

496. — Volant.

2 m. 66 sur 0 m. 09.

497. — Quatre mouchoirs avec chiffre et armoirie.

Exposition rétrospective d'Arras, 1896 (n°s 539-540).

VENISE

GUIPURE (ancienne).

498. — Mouchoir (XVIIIe siècle).

Exposition rétrospective d'Arras, 1896 (n° 538).

RAGUSE

GUIPURE ANCIENNE

499. — Mouchoir (XVIIIe siècle).

Exposition rétrospective d'Arras, 1896 (n° 522).

VALENCIENNES

(ancien)

500. — Deux barbes.

Exposition rétrospective d'Arras, 1896 (n° 541).

VENISE

GUIPURE ANCIENNE

501. — Nappe d'autel.

ALENÇON (Ancien)

502. — Très beau point dit point de neige (Louis XIV).

2 m. 90 sur 0 m. 07.

Exposition rétrospective d'Arras, 1896 (n° 537)

VENISE (Ancien) GUIPURE

503. — Volant très riche, rebrodé en relief.

2 m. 70 sur 0 m. 12.

Exposition rétrospective d'Arras, 1896 (n° 519).

504. — Col très riche et *très important* (point dit à la rose).

Exposition rétrospective d'Arras, 1896 (nº 520).

GUIPURE ANCIENNE

505. — Volant de rochet (Louis XIV).

6 m. sur 0 m. 17.

Exposition rétrospective d'Arras, 1896 (nº 523).

RAGUSE

506. — Carré de guipure ancienne.

Exposition rétrospective d'Arras, 1896 (nº 521).

VENISE

507. — Col de guipure ancienne.

SEDAN (Ancien)

508. — Superbe volant d'aube fleurdelisé.

3 m. 57 sur 0 m. 67

Exposition rétrospective d'Arras, 1896 (nº 526).

GÊNES

509. — Pointe en guipure ancienne.

Exposition rétrospective d'Arras, 1896 (nº 525).

MILAN (Ancien).

510. — Volant d'aube.

3 m. 30 sur 0 m. 32.

Exposition rétrospective d'Arras, 1896 (nº 524).

511. — Dentelle ALENÇON (Ancien).

2 m. 47 sur 0 m. 05.

ALENÇON (Ancien)

512. — Jabot.

0 m. 60 sur 0 m. 07

Exposition rétrospective d'Arras, 1896 (nº 535).

513. — Dentelle ALENÇON (Très fin).

2 m. 15 sur 0 m. 16.

Exposition rétrospective d'Arras, 1896 (nº 531).

514. — Dentelle ALENÇON ancien (en deux coupes).
2 m. 20 sur 0 m. 12.
Exposition rétrospective d'Arras, 1896 (n° 532).

515. — Dentelle ALENÇON (Ancien).
Long. : 1 m. — Haut. : 0 m. 07.
Exposition rétrospective d'Arras, 1896 (n° 534.)

Col (Ancien).
Exposition rétrospective d'Arras, 1896, (n° 536.)

516. — Dentelle ALENÇON ancien (Très fin).
Long. : 3 m. 10. — Haut. : 0 m. 10.
Exposition rétrospective d'Arras, 1896 (n° 530.)

Bande d'Alençon (Ancien).
2 m. 50 : 0 m. 08

VENISE ancien (POINT DE)
(dit à la rose).

517. — Col.
Exposition rétrospective d'Arras, 1896 (n° 527)

ALENÇON (Ancien)

518. — Dentelle.
Long. : 2 m. 15. — Haut. : 0 m. 10.
Exposition rétrospective d'Arras, 1896 n° (529).

XVIIIe SIÈCLE

519. — Portrait de François-Joseph de la Rochefoucauld, évêque de Beauvais, décédé en 1892.

Travail en broderie de soie, au passé, avec application de dentelle.

Il porte au cou la croix des Chevaliers du Saint-Esprit.

XVe SIÈCLE

520. — Très belle bande de chasuble, à orfroi, broderies de soie et d'or, représentant sous des portiques les saints Michel, Jacques et Christophe.

ÉPOQUE LOUIS XV

521.— Matinée et gilet, brocatelle de soie fond vert d'eau.

XVIIIe SIÈCLE

522. — Portefeuille de poche (Tissu de soie lamé or et argent avec armoirie).

Exposition rétrospective d'Arras, 1896 (n° 543).

523. — *Bonnet de baptême de Philippe V d'Espagne* (Broderie soie et or).

Exposition rétrospective d'Arras, 1896 (n° 542)

TAPISSERIE (ÉPOQUE LOUIS XIV)

524. — Paysans à la porte d'une tabagie, d'après Téniers (Réparations).

Fabrique des Leyniers de Lille.

Haut. : 2 m. 50. — Larg. : 2 m. 35.

LIVRES

525. — ARMENGAUD. — *L'art chrétien* (1 vol.) 1858.

BATISSIER. — *Histoire de l'art monumental* (1 vol.)

BELLANGER (Stanislas). — *La Touraine ancienne et moderne.* — Paris (Mercier 1840).

BLANC (Charles). — *Histoire des peintres* (12 vol. reliés).

BLANC (Louis). — *Histoire de dix ans* (5 vol.)

A. HUGO. — *France pittoresque* (3 vol.)

BOILEAU. — Quatre volumes maroquin rouge, illustrations de Bernard Picard.

BOUCHOT (Henri). — *Portraits au crayon des XVI et XVIIe siècle.* (1 vol.)

BOUILLET. — *Dictionnaire d'histoire et de géographie* (1 vol.)

CHALLAMEL A. — *Histoire de la mode en France* (1 vol.)

CHAROND. — *Sacratissimi principis justiniani.* Anvers, Plantin, 1625 (2 vol. veau).

COURTIN. — *Encyclopédie moderne* (26 vol.) — Paris, 1823.

DECHARME. — *Mythologie de la Grèce antique* (1 vol.)

DUCAMP (MAXIME). — *Les révolutions de Paris* (2 vol.)

D'ESTERNO. — *Les privilégiés* (2 vol.)

DUMONT D'URVILLE. — *Voyage autour du monde* (2 vol.)

GONSE (LOUIS). — *L'art gothique* (Paris, Imprimeries réunies) (1 vol.)

GUERIN (Victor). — *La Terre Sainte* (2 vol.)

GUESNON. — *Inventaire des Chartes et Sigillographie de la ville d'Arras.* — Arras, Topino, 1865 (2 vol.)

GUIZOT. — *Histoire de mon temps* (8 vol.) — *Méditation et Etudes morales.* — *Etude sur les beaux-arts.* — *Corneille et son temps.* — *Biographie et Révolution d'Angleterre.* — *La Démocratie en France.* — *Histoire de la Révolution d'Angleterre* (4 vol).

DE BARANTE. — *La Convention* (6 vol.)

D'HÉRICOURT ET A. GODIN. — *Les rues d'Arras* (2 vol.)

HUGO (VICTOR). — *La Légende des Siècles* (2 vol). — *Histoire d'un crime.* — *L'année terrible* (2 vol.)

JANIN (J).— *La Normandie.*— Paris, E. Bourdin, 1862 (1 vol.)

Différents guides de voyageurs, de PAUL JOANNE et du pays.

La Loire. — Le Nord. — Les Pyrénées. — Les Vosges.— La Hollande.— Les bords du Rhin.— Paris à Nantes.— Paris à Cherbourg.

59 Départements de la France en fascicules.

LACROIX (PAUL). — *Vies militaire et religieuse au moyen âge.* — *Mœurs, usages et coutumes au moyen âge.* — *Les arts au moyen âge.* — *XVIIIe Siècle* (Institutions, usages et costumes) (4 vol. reliés).

LA FONTAINE. — *Fables.* — (Edition de 1834, ill.)

Fables, ill. de Grandville.—Paris, Garnier, 1855.

LAMENNAIS.— (*Œuvres* de), broch. (6 vol.)

LANCELOT (D). — *La Rochelle et son arrondissement.* — 60 gravures à l'eau forte (1 vol.)

LANGLEBERT. — *Histoire de Bapaume.*

LE GENTIL. — *Le vieil Arras* (1 vol.)

LE GUILLOU. — *Voyage autour du monde* (Illustrations de ARAGO).

LITTRÉ. — Quatre volumes et supplément (*Dictionnaire*).

MÉTIVIER. — *Monaco et ses princes* (2 vol.)

MIGNET. — *La Révolution Française* (2 vol.)

MIRECOURT (EUGÈNE DE). — Collection considérable de biographies.

MOLIÈRE (*Œuvres* de).— Huit volumes, Paris, (1778).

NAPOLÉON III.—*Histoire de Jules César* (2 vol.)

D'ORBIGNY. — *Voyage dans les deux Amériques* (1 vol).

PARIS (J.-A.) — *Robespierre et Joseph Lebon* (2 vol.)

PLUTARQUE. — Quatre volumes illustrés. — Paris, Dubois, 1839 (4 vol. demi-reliure) inc.

REGNAULT. — *Histoire de huit ans* (3 vol.)

ROBIDA. — *La Touraine.* — Paris, librairie illustrée (1 vol.)

ROGER. — *Archives de Picardie et d'Artois* (2 vol. en 1).

SACY (DE). — *Nouveau Testament*, 4 vol. maroquin olive, doublé en maroquin rouge, à Mons, chez Gaspard Migot.

SACY (N. DE). — *Les saints évangiles* (1 vol.)

SACY (L. DE). — *Les saints évangiles*, Paris, Furnes (1 vol.)

SAINT-VICTOR. — *Monuments de Paris.* — Paris, Parent-Desbares (1 vol.)

SUE (EUG.)— *Histoire de la Marine* (4 brochures).

BURET. — *Histoire de la Révolution et de l'Empire.*

Ouvrages de Charles de BERNARD, Charles MONSELET, Louis REYBAUD, Frédéric SOULIÉ, Alphonse KARR, Eugène de MIRECOURT, Henri MURGER, etc., etc.

TAINE. — *Les origines de la France contemporaine* (5 vol.)

TERNINCK. — *Arras (Histoire de l'architecture et des Beaux-Arts.* — Arras, Sueur-Charuey, 1897 (1 vol.).

THÉOPHILE. — *Essai sur divers arts.* — Paris-Toulouse, Téchener 1843 (1 vol.).

THIERRY. — *Les Gaulois* (3 volumes).

THOMASSIÈRE (THOMAS DE LA). — *Histoire de Berry.* — Bourges, 1863 (4 volumes).

TREMBLAIS (LA) et autres. — *Esquisses pittoresques de l'Indre.* — Châteauroux, O. Petit, 1882 (1 vol. relié. 1 autre exemplaire broché).

LE VAILLANT DE LA FIEFFE. — *Les verreries de la Normandie.* — Rouen, Lanctin, 1873 (1 vol.).

VAULABELLE. — *Les deux Restaurations.* (7 vol.).

VIOLLET-LEDUC. — *Dictionnaire du mobilier* (6 volumes).

WALLON. — *Saint-Louis* (1 vol.).

WALLON. — *Jeanne d'Arc* (1 vol.).

WALTER SCOTT. — *Œuvres.* — (14 volumes).

ZANNONI. — *Atlas géographique* (figures coloriées). — Paris, Chez Lattré, 1762.

Mémoires de Richelieu (6 vol.)

Mémoires sur Mirabeau (4 vol.)

ANQUETIL. — *Histoire de France* (6 vol.)

NORVINS. — *Histoire de Napoléon* (4 vol.)

XVIe SIÈCLE

Quatre reliures démontées en veau frappé.

Archives parlementaires (1787 à 1860).

Musée pour rire. — Paris (1839) (1 vol.)

Catalogue général des manuscrits des bibliothèques publiques des departements.— Six volumes publiés de 1849 à 1879.

Bulletin des antiquités (Commission du Pas-de-Calais). Arras, 1849 (5 vol.)

Almanach des Muses. — Années 1869 à 1879 (6 vol.)

Magasin pittoresque (20 vol. reliés en 10).

L'Exposition vaticane (1 vol).

La Mosaïque (2 vol.)

Dictionnaire de la conversation (26 vol.)

Memoires historiques (6 vol.).

Mémoire d'une contemporaine (8 vol.)

Biographie des femmes célèbres (4 vol.)

Mémoire des maréchaux de France (6 vol.)

Bibliothèque des merveilles.

CORROYER. — L'architecture romaine.

CORROYER. — L'architecture gothique.

PALUSTRE. — L'architecture de la Renaissance.

PERATÉ. — Archéologie chrétienne.

BAYET. — L'art bizantin.

LECHEVALIER-CHEVIGNARD. — Les styles français.

VIARDOT. — La peinture.

DUPLESSIS. — La gravure.

HAVARD. — La peinture hollandaise.

WAUTERS. — La peinture flamande.

PARIS. — La sculpture antique.

A. DE CHAMPEAUX. — Le meuble.

Th. DECK. — La faïence.

JACQUEMART. — Merveilles de la céramique.

VOGT. — La porcelaine.

GERSPACH. — L'art de la verrerie.

MUNTZ. — La tapisserie.

Fascicules sur les tapisseries d'Arras.

BURY-PALLISSER. — Histoire de la dentelle.

LEFÉBURE. — Broderies et dentelles.

DESPIERRE. — Histoire du point d'Alençon.

MOLINIER. — L'émaillerie.

MOLINIER. — Les manuscrits.

LENORMAND. — Monnaies, médailles.

RICHÉ. — Monnaies, médailles et bijoux.

— La donation Daviller au Louvre.

RISPAQUOT. — Le peintre céramiste.

— Manuel des collectionneurs de faïence.

HAVARD. — La Hollande à vol d'oiseau.

AUBERT. — Le littoral de la France.

Dix années des Salons illustrés.

Catalogues de ventes célèbres.

Catalogues du musée du Louvre.

Ouvrages sur le blason.

Ouvrages sur l'art héraldique.

Coutumes locales (Arras et sa banlieue).— Paris, Guillaume Simon, 1746.

Catalogues des salons de peinture (14 vol.)

Différents ouvrages sur les coutumes de la Picardie et les coutumes d'Artois.

BROCHURES DE LA PREMIÈRE RÉPUBLIQUE

— *La lanterne magique*, ou les grands conseillers de Joseph Le Bon.

— *La declaration des droits de l'homme et du citoyen*. Paris, Baudouin, 1790.

— *Les angoisses de la mort*.

— *Le cri de l'humanité* ou la mort à l'ordre du jour. Imprimé chez Geoffroy, rue Honoré, 35.

Lot considérable de volumes de droit de diverses époques des XVII, XVIII et XIXe siècles.

MÉDAILLES, MONNAIES, PLAQUETTES, JETONS ET AUTRES

NOTA. — Ces objets ne seront visibles que le **Dimanche 13 Juin** et les autres jours avant leur vente, le matin, après rendez-vous pris avec les experts chargés de la vente.

— OR —

526. — Constantin le Grand (Diam. : 0 m. 022).

527. — Justinien (Diam. : 0 m. 013).

528. — Néron et Agrippine (Diam. : 0 m. 017).

529. — Valentinien Ier (Très belle qualité).

530. — Michel VII (Diam. : 0 m. 029).
Michel VIII (Diam. : 0 m. 028).
Jean II Commène (Diam. : 0 m. 030).

531. — Mérovingiens, trois pièces rares (trouvées à Saint-Nicolas).

532. — Dagobert ; au revers, Dag et croix.
Très rare (Diam. : 0 m. 160).

533. — Deux pièces ?? (Diam. : 0 m. 020. ; REGIS. ISTE. SIT. T. XPE. DAT. O. TV et la seconde orientale (Diam. : 0 m. 020).

534. — Maximilien d'Autriche et Marie de Bourgogne, frappée et distribuée à l'occasion de leur mariage.
Très rare (Diam. : 0 m 048).

535. — Ferdinand et Isabelle.
Belle et rare.

536. — Philippe II.
Autre, id., argent.

537. — Philippe II, roi d'Espagne, 162.
(Diam. : 0 m. 044).
Exposition rétrospective d'Arras, 1896 (nº 49).

538. — Louis XIV (1652), 24 livres.

539. — Louis XIV (1653), 24 livres.

540. — Louis XIV (1702), 24 livres.

541. — Louis XVI, médaille frappée à l'occasion de son exécution (Diam. : 0 m. 047).

542. — Concours régional de St-Omer (Diam. : 0 m. 035).

543. — Ecu de 24 livres, an II (1793).

544. — Dollar.

— ARGENT —

545. — Carthage. : Tête de Cérès ; revers, tête de cheval *Très bel exemp.* (Diam. 0,0270 m.).

546. — Alexandre : revers, Jupiter assis.

547. — Alexandre, sous les traits d'Hercule ; revers, Jupiter assis.

548. — Athènes, tête de Pallas : revers, âge et noms des magistrats, chouette de dan-sor.

549. — Athènes, tête de Pallas. A O E.

550. — Athènes, tête casquée de Pallas ; revers Pégase.

551. — Athènes, rev. Hibou.

552. — Athènes ?

553. — Carthage : Tête de Cérès ; rev. : Tête de cheval.

554. — Hercule (Sauveur) : île de Thasos.

555. — Lisimaque : Tête connue d'Alexandre.

556. — Lisimaque ; rev. : Jupiter assis.

557. — Mithridate V le Grand : *Très bel exemp.*

558. — Persée : *Très bel exemp.*

559. — Philippe roi, père d'Alexandre (*Très rare*).

560. — Pompeï : Tête nue ; rev. : Neptune entre Anapius et Amphinonus.

561. — Ptolémée (Egypte) : Tête diadémée à droite.

562. — Syracuse, rev. : Un quadrige.

563. — Syracuse, rev. : Un quadrige.

564. — Syracuse : Tête de Pallas.

565. — Tyr (Phénicie) : Tête d'Hercule, laurée.

566. — Tyr, rev : cavalier.

567. — Deux mérovingiennes, *dont une très rare.*

568. — Lothaire, denier frappé à Bourges.

569. — Saint-Lambert (abbaye), jeton.

570. — Saint-Martin (Tours), quatre deniers, VIIIe et IXe siècles.

571. — Guinguamp. deux deniers, IXe siècle.

572. — Charles-le-Simple, rev. : M. E L — A L O.

573. — Six deniers, dont deux de Charles le Chauve, tous frappés à Arras.

574. — Foulque Néra et divers, 7 pièces.

EUDES DE BLOIS

575. — Saint Mahieul de Sauvigny, 3 pièces.

576. — Charles Ier (d'Anjou), denier.

577. — Edouard III d'Angleterre.

578. — Quatre écus :

Jean, duc de Bourgogne.
Charles VI (2 pièces).
Charles VII.

PHILIPPE IV

579. — Philippe rex comites d'Artois (pièces frappées à Arras vers 1590, trois grands écus dont un beau.

580. — Philippe IV (escolin), frappées à Arras, 2 pièces.

581. — Visconti Galeas de (1347 à 1402). *Bel exemplaire.*

582. — Doges de Venise :

Jean Dondolo (1273-1289).
Pietro Gradonigo (1289-1310).
Antoine Vernieri (1382-1401).
André Gritti (1523-1539).
Mocénigo III T. R. (1700-1709).

583. — Edouard d'Angleterre et Charles VI.

584. — Louis XII. — Piéfort. — (*Très rare*).

585. — François 1er.

Charles IX.
Henri III.
(7 pièces)

586. — François 1er et autres, 5 pièces.

587. — Henri II :
4 pièces (1547 à 1549).
2 autres (1552)
1 autre (1554).
id. (1559).
id. (1560).
id. (1561).
3 autres.
Teston.

588. — Catherine de Médicis, profil à gauche doré « Cathari. regin. Henri II uxor. Francis et Carol. regun, mater. ; revers chiffres enlacés C. H.
(Bel exemplaire).

589. — François Ier, Charles IX (six pièces, dont *deux très rares*).

590. — Henri III roi de France et de Pologne (1583).
(Très belle).

591. — Henri IV (trois pièces).

592. — Louis XIII ; petit écu (1642), un quart d'écu (1643)

593. — Louis XIII, grand écu (1643).

594. — Cromwel (1658). — *Très rare.*

595. — Charles III d'Espagne (1663).

LOUIS XIV

596. — Grand écu (1701).
Écu.
Grand écu (1652)
Écu (1701).
Écu au Soleil (1710).
Quart d'écu (1676).

597. — Marie-Thérèse, impératrice, 2 pièces (1750 et 1741).

LOUIS XV

598. — Grand écu, monétisé en Suisse avec les poinçons des Cantons et des Confédérations.

599. — Johan Georges : d. g. sa. ro. imp. archim. flé. grand duc de Saxe ; rev. : Quatre personnages. Saxe (1627).

LOUIS XV

600. — Grand écu (1732).
Autre grand écu. Lille (1746).
Deux grands écus (1765).

601. — Louis XV ; rev. : La réunion du duché de Bar à la France.
Autre en bronze : Réunion de la Lorraine à la France.

602. — Louis XV (enfant) et deux pièces bronze.

LOUIS XVI

603. — Ecu de six livres (1778).
Ecu de six livres (1782).
Médaille (1788). — Dillon.
Ecu de six livres à l'ange (1791).
Ecu de six livres (1792).
Autre écu de six livres (1793).
Autre écu de six livres (1792).
Deux autres écus de six livres à l'ange.
Autre dit de Calonne (1786).
Petit écu (1787).
Trente sols (1791).

604. — Deux médailles commémoratives « Naissance du Dauphin ».
Louis XVI : Grande méd. ; rev. : Le trône.
Exposition rétrospective d'Arras, 1896 (n° 493).

LOUIS XVI

605. — Portraits de Louis XVI et de Marie-Antoinette. Au rev. le mariage.
Exposition rétrospective d'Arras, 1896 (n° 495 et 496).

XVIIIe SIÈCLE

606. — Paris — Jetons pour les ordinaires des guerres. — Epiciers de Paris et diverses corporations (15 pièces).

607. — Deux pièces de cinq francs (Gaule cisalpine).

NAPOLÉON

(5 francs)

608. — Bonaparte premier consul an XII.
Bonaparte, premier consul an XI.
Bonaparte, premier consul an XI.
Napoléon, empereur (1806).
Napoléon et Joséphine, couronnement (50 c.)
Napoléon, empereur (1811).
Napoléon, empereur (1812).
Louis Napoléon, roi de Hollande (1808).
Jérôme Napoléon, roi de Westphalie (1812).
Joseph Napoléon (1812).
Murat, roi des Deux-Siciles (1813).
Félix et Elisa, prince de Lucques (1807).
Napoléon (1813).
Joseph Napoléon, roi des Deux-Siciles.

(Quatorze pièces en argent).

BONAPARTE ET NAPOLÉON

609. — Næpolio, impérator, par Gall (Bronze).
Napoleo, Gallorum imperator Italia rex (Argent).
Napoléon Bonaparte, premier consul (Bronze).
Bonaparte, général en chef, armée d'Italie (Bronze).
Bonaparte, premier consul (Bronze).
Bonaparte, premier consul (Bronze doré).
Napoléon Bonaparte, consul (Bronze doré).
Bonaparte, bataille de Montenotte (Etain).
Bonaparte, général en chef, brave armée d'Italie (Bronze argenté).

610. — Napoléon II, empereur. — Cinq francs (essai).
Napoléon II. — Un franc (essai).
Napoléon II. — Demi-franc (essai).
Napoléon II. — Deux francs (essai).
Napoléon III et Eugénie (1852) (Bronze).

HENRI V (comte de Chambord).

611. — Cinq francs 1871 (essai).
Cinq francs 1832 (essai).
Cinq francs 1831 (essai).
Henri V visitant l'Angleterre (1843).
Henri V (1873).
Henri de France, comte de Chambord.
Rev. : La parole est à la France.

612. — Louis-Philippe. — Cherbourg 1833 (Médaille).
Ferd.-Philippe. — Frap. à l'occasion de sa mort 1842 (Méd.)
Ferd.-Philippe.— Inauguration de sa statue, 1842 (Bronze).

613. — Louis XVIII roi de France (1815).
Pièce d'essai (5 francs).

614. — Espagne. — 2 pièces. époque indéterminée.

615. — 4 pièces arabes. — Arg.
2 autres brisées. — Arg.
(1 pièce en bronze) copte représentant la flagellation

LOUIS XIV.

616. — 3 pièces en argent.
2 en bronze.
Deniers.

— BRONZE —

Médailles des Césars.

NOTA. — Cette réunion est très rare, les pièces qui la composent sont toutes de bonne et belle qualité.

617. — César (restitution du XVIe siècle).
618. — Octave.
619. — Tibère.
620. — Claude.
621. — Caligula.
622. — Agrippine mère.
623. — Agrippine mère.

624. — Néron. — Rev. Roma.
625. — Néron. — Rev. : trône.
626. — Néron (Décurie).
627. — Vitellius. — Rev. Vitellius et son père.
628. — Vitellius (*argent*).— Rev. figure assise, Concordia.
629. — Galba.
630. — Vespasien.
631. — Vespasien. — Rev. : figure de l'Abondance.
631 *bis*. — Domitien (Diam. 0 m. 035). — *Très belle.*
632. — Adrien.
633. — Adrien. — Rev. : S. C.
634. — Antoine. — Rev. Hercule debout, appuyé sur une massue et la louve.
635. — Antoine. — Rev. S. C.
636. — Antoine. — Rev. S. C.
637. — Adrien.
638. — Trajan déc.
639. — Septimus Géta.
640. — Maxime.
641. — Pompée et Néron.
642. — Faustine mère.
643. — Faustine mère.
644. — Faustine jeune.
645. — Sabine.
646. — Crispine.
647. — Agrippine.
648. — Lucile.
649. — Etrucille.
650. — Domna (Julia).
651. — Cléopâtre mère.
652. — Cléopâtre jeune (femme d'Antoine).

BRONZE

653. — Anne d'Autriche et Louis XIV (1643).

Exposition rétrospective d'Arras, 1896 (n° 503)

654. — Antoine de Bourgogne.— Rev. : « Nul ne si frote » (Diam. : 0 m. 042).

Très bel exemplaire.

Exposition rétrospective d'Arras, 1896 (nº 515).

655. — Bohier, Intendant général de Normandie, créateur, du château de Chenonceaux.

Belle médaille (1503) (Diamètre 0 m. 065).

656. — 6 médailles :

Bonaparte et 3 consuls.
Bonaparte à Ste-Hélène.
Bonaparte (1er consul).
Napoléon empereur et la Grande Armée.
Inauguration de l'Arc-de-l'Etoile.
Napoléon (en étain).

657. — Duchesse de Bourgogne. — 3 jetons : Naissance de ses enfants (1701-1707-1709).

(*Rares*).

658. — Brulart (Nicolas), chancelier de France et de Navarre. — Demi-flanc, ovale (Haut. : 0 m. 056. — Diam. : 0 m. 055).

Très bel exemplaire.

659. — Catherine de Médicis (Diam. : 0 m. 165).

660. — Charles de Bourgogne (le Téméraire).— Rev. : « *Je l'ai emprins bien en aviengne* » (Diam. : 0 m. 037).

Très bel exemplaire.

Exposition rétrospective d'Arras, 1896 (nº 516).

661. — Christiana. princ. loth. mag. dux. hetrur.

Belle médaille de Dupré (Diam. : 0 m. 090).

662. — Cosmus. méd. floren. et. sénar. dux de 1561. Rev. : Etruria pacata.

663. — Epernon, I. L. A. LAVALETA. D. ESPERN. P. ET. TOT. GAL. PEDIT. PRÆP. — *Signée de G. Dupré* 1607 ; Rev. : « Intractos vtringve ».

Très belle.

664. — Ferdinand Philippe, Duc d'Orléans. Médaille (Diam. 0 m. 21).

665. — François Ier. — Rev. : Allégorie, « Virtuti regis invictissimi ».

Très bel état.

666. — François Ier, médaille pour la bataille de Marignan.

667. — François Ier, demi-flanc, *attribuée à Benvenutto Cellini.*

Exposition rétrospective d'Arras, 1896 (nº 489).

668. — François Ier, belle médaille dorée, signée : Bienvenu.

669. — François Ier, médaillon (Diam. : 0 m. 12).

Belle épreuve.

670. — François II, médaillon (Diam. : 0 m. 075).

671. — Frémiot. — Père de Sainte Chantal.

Très rare.

672. — Gille de Beaufort, abbé de Saint-Seine.

Très rare.

673. — Hercule Ier d'Este, duc de Ferrare. — Plaque (Haut. : 0 m. 83, larg. : 0 m. 50).

674. — Henri II :

« Henricus II. Galliarum. rex invictiss. PP. ». Revers : « Restituta rep. senensi. liberatis etc... 1552 ».

Très bel exemplaire.

675. — Henri II et Catherine :

Henricus II gallor. rex. invictis et Catharina. ejus. uxor. — Rev : Charles IX.

Carolus IX galior. rexp. forum. fillius 1566.

676. — Henri IV. — Rev. : Marie de Médicis.

Médaille dorée remarquable.

677. — Henri IV. — Médaille ovale : « Henricus IIII Franc et Navar. rex. christianiss. ». — Rev. : Henri IV et un centaure « Martis cedunt Haec. signa. planetae ».

Très belle médaille.

Haut. — 0 m. 096. — Larg. 0 m. 076.

678. — Henri IV et Marie de Médicis. — Bronze, 0 m. 066.

Exposition rétrospective d'Arras, 1896 (nº 486)

679. — Henri IV; D. G. Francorum et Nava. rex. — Rev. : Maiesta. Maïor. Abigne. 1604.

Bel exemplaire.

680.— Innocent XI.— Rev.: Fecit n mirabilia in vita sua (Bronze).

Exposition retrospective d'Arras, 1896 (n° 511).

681. — Isaure de Rimini, femme de Sigismond Pandolfe malatesta. — Au rev. : un éléphant (1456).

Exposition rétrospective d'Arras, 1896 (n° 512).

Très belle épreuve.

Collection Didier-Petit (1843).

Diam. : 0 m. 080.

682. — Léonard de Vinci.
Michel-Ange.
Deux médailles par Hérard (1669).

683. — Leopoldo imperatore. — Plaque.

Haut. : 0 m. 100. — Larg. : 0 m. 070.

684. — Louis XI. — Belle médaille par Laurence « Div. Ludovicus. — Rev. : la Concorde assise « Concordia Augusta ».

Très rare.

685. — Louis XII. Médaille : « Felice Ludovico regnate duodecimo Cesare alteo godet omnis natio ». — Rev. : Anne de Bretagne. « Lugdum republica. gaudete bis — Anna. regnante. benigne. sic. fui. confl. at. 1499 ».

Bel exemplaire.

Diam : 0 m 120.

686. — Louis XIII : « Ludovicus XIII d. g. franc. et navaræ rex. ». — Rev. : « Armandus. Joan. cardinalis. dux. de. Richelieu. »

Louis XIII (méd.) 1623.

Exposition rétrospective d'Arras (n° 501).

687. — Louis XIII (1624). — Rev. : Palais Luxembourg.

Très belle et rare.

688. — Louis XIV casqué (plaquette dorée).

Très bel état.

Haut. : 0 m 10. — Long. : 0 m. 068.

Exposition rétrospective d'Arras, 1896 (n° 508).

689. — Louis XIV. Conquête de la Franche-Comté (1648) (Diam. : 0 m. 070).

Belle médaille.

Exposition rétrospective d'Arras, 1896 (n° 505).

690. — Louis XIV : A l'occasion de sa majorité (1641). Belle médaille (Diam. : 0 m. 70).

Exposition rétrospective d'Arras, 1896 (n° 504).

691. — Louis XV (R. Filius). — Revers : « Artésia in antiquum dicus restituta ».
Comite dato M DDC LVII

692. — Louis XVI. — Rev. : Académie des sciences (1782).

Louis XVI (méd.) Etablissement de la mairie de de Paris.

1 autre exemplaire argenté.

Louis XVI (Nuit du 4 août).

Louis XVII (dauphin). 1795 (0 m. 051).

Louis XVI. — Monument expiatoire.

Louis XVI. — Médaillon ovale.

Exposition rétrospective d'Arras, 1896 (n°s 494. 497, 499, 500 et 510),

693. — Marie de Médicis. — Médaille pour la naissance de Louis XIII.

Exposition rétrospective d'Arras, 1896 (n° 502).

694. — Marie de Médicis. Maria. Augusta. méd. fr. reg. moderatrix. — Rev. : Dat. paccatum. omnibus. æther. 1615.

Bel exemplaire.

695. — Marie-Antoinette (Duvivier). — Mariage de douze filles à Perpignan (naissance du Dauphin).

696. — Marguerite de Valois.
Marguerite, fille de Charles, comte d'Angoulême. (Diam. : 0 m. 065).

697. — Mazarin (bronze doré) « Julius. cardinalis. Mazarinus ». — Rev.: Bataille. « Nunc. orbi. servire. labor. »

698. — Maximilien d'Autriche et Marie de Bourgogne, en buste, les cheveux relevés.

(*Très bel exemplaire*).

Diam. : 0 m. 048.

Exposition rétrospective d'Arras, 1896 (n° 514).

699. — Maximilien d'Autriche et Marie de Bourgogne. Très belle médaille (Diam.: 0 m. 045).

Exposition rétrospective d'Arras, 1895 (n° 513).

Autre de même (*moins bien conservée*).

700. — Perrenot Anton., epi. Atrebaten.
Très belle médaille (Diam. : 0 m. 095.

701. — Rabutin (Roger de), comte de Bussy (1641).

702. — Richelieu (Cardinal de). — Rev. : « Mens. sidera. volvit. 1631.

703. — Toulouse (Comte de), fils naturel de Louis XIV. (Ovale : 0 m. 060. — 0 m. 051).

Exposition rétrospective d'Arras, 1896 (n° 509).

704. — Ursel Mayer (Epoque de la Réforme).

Très rare.

705. — Impératrices romaines. — Profil femme à droite : Gesonia. Gal. V.

Médaillon avec cadre bronze.

Et deux autres, mêmes cadres.

(Fer). — Bas-relief repoussé : François Ier.

706. — Quinze jetons, époque gothique et Renaissance.

Autre série : Cour des comtes de Dijon, époque François Ier, et autres (7 pièces).

MÉDAILLES ET MONNAIES

OBJETS DIVERS EN OR, ARGENT, BRONZE, FER

retrouvés après la rédaction qui précède.

---

707. — François Ier (fer repoussé), profil à droite.

708. — Pièces antiques romaines (argent.

Antonin (3 ex.) — Auguste. — Auguste actium. — Brutus. — César Auguste. — César Auguste s p q r s l v. — Domitien (2 ex.) — Adrien (4 ex.) — Othon. — Nerva. — Trajan. — Tibère (2 ex.) — Vespasien (3 ex.) — Scipion l'Africain. — 4 Pièces impériales indéterminées.

709. — Faustine mère (5 ex.)

Cassia (2 ex.) — C rdia. — Domna Julia (2 ex.) — Postumia. — Sab na Augusta (2 ex.) — Sabina : Rev. : Enlèvement des Sabines. — 7 pièces indéterminées avec type de femme.

710. — Consulaires (20 pièces).

711. — 14 Consulaires et autres.

712. — Pie II, pape (2 pièces de 20 lires) (Or).

713. — Saint Louis (argent).

714. — Charles VI (grand blanc à l'O rond) (arg.).

715. — Louis XII (Piedfort). — *Très belle* (arg.).

Une restitution de cette même pièce et un tournoi (trois pièces) (arg.).

716. — Henri II, avec le croissant de Diane (arg.).

717. — Septime Sevère (trois pièces en argent).

718. — Pièces de colonies romaines et grecques, villes et consulaires de toutes provenances (argent).

2 Acilia. — Alécia nerva. — Asini (3). — Baebia templius. — Balbus. — 4 autres. — Calpurni. — Famille Calpunica (3 ex.) — Carisia. — Castianus. — Cassia. — Cassius (2 ex.) — Cavados (4 ex.) — Claudia. — Cosroïs ? — Cordia. — Constantin III. — Crépucia. — Crispina. — Deïdi. — Dictator iter (?) (2 ex.) — Domitia. — Dossénus. — Emilia (3 ex.) — Fabia (labéo). — Flaminia (chilo). — Horbanus CC VII. — Izdezerd (*très rare*) (2 ex.) — Libo-Licinius. — Memmia. — Manlius. — Sulla. — Narsès. — Pansa. — Papia. — Papiria (carbo). — Pipiria (tierdus). — Perose (2 ex.) — Pluétoria. — Pompéïa. — Porbus. — Servéius. — Servilius. —Silanus (Julia Cecilia). — Tarquinia. —Tatia. — Tituria. — Vaconia (Vitulius). — Varahron ou Artéaschatr. (2 ex.) — Voltéia (extrabo) (Arg.)

719. — César-Auguste et Auguste (2 pièces) (Arg.)

720 (Arg.) — César. — rev. : Enée anchise.

César en grand prêtre.

César (2 autres avec trophées de la Gaule).

César (trophées).

César (3 autres avec rev. : éléphant).

721. — Julius (3 consulaires). — Revers : 2 cavaliers. — 1 consulaire avec tête d'Hercule. — As romain, tête de Janus (Rev. : Jupiter sur un quadrige.) — Autre, tête de Minerve (Rev. : combat des Horaces). — Tête casquée (Rev. : bélier) (Arg.)

Ptolémée de Galilée. — Buste de Jupiter et d'Astarté. — Rev. : un quadrige. (Bronze).

722. — Ptolémée (7 pièces trouvées en Egypte) (Bronze).

723 (Arg.)— Petit lot de monnaies antiques et de monnaies du moyen âge : — 2 pièces greoques. — 7 pièces gothiques. — 1 pièce de Salzbourg. — 1 jeton de la société agricole de Toulouse (1828).

724. Charles IX.— Rev. : duc de Guise.— *Pièce moderne* (Bronze).

725. — Médaille caricature à renversement double, effigie du pape Alexandre VI (Plomb).

Exposition rétrospective d'Arras, 1896 (n° 517)

726. — Environ 80 pièces : monnaies grecques, romaines, moyen-âge et modernes.

SCEAUX ET CACHETS

(En bronze, sauf indication contraire).

727. — Sceau au nom du Jehan Lefebvre (Epoque gothique).

728. — Contre-sceau du duché de Bourgogne provenant de l'hospice de Beaune (Epoque gothique).

729. — Contre-sceau de Saint-Martin provenant de l'abbaye de Saint-Martin de Tours (Epoque gothique).

730. — Sceau de B. M. de Mailly représentant Saint-Martin coupant son manteau (Epoque gothique)

731. — Sceau (bague) pour Jehan de Noyon (Epoque gothique).

732. — Sceau aux armes, armoiries et inscription « Gauthier de Roulers » (Epoque gothique).

733. — Guillaume Johène (Epoque gothique).

734. — Sceau de Jacobi de Atreb. sii.

735. — Sceau aux initiales L. D. (Epoque gothique).

736. — Sceau rouleau, Assyrien (Antique).

737. — Bague-sceau oriental (argent).

738. — Sceau-bague, chiffre A. N. surmonté d'une couronne (bronze).

739. — Cachet, armoirie : lion et belettes sur fond de gueules (argent).

Autre, cornaline, armoiries (argent).

740. — Cachet avec chiffre E F T L, etc. (fer).

741. — 2 cachets (cuivre gravé), St-Martin (XVIIIe siècle); Sig. : Gardff. Min. recollectorum. con. Vastinii.

742. — Sceau en argent (XVIIIe siècle), St-Michel et Saint Bénédicte.

743. — Trois pièces provenant d'une croix processionnelle (bronze doré) (Epoque gothique).

Éventails anciens.

744. — Au vernis Martin (Louis XVI).

De l'époque Louis XVI (sujet pastoral).

Autre en ivoire ouvré, à jour (Epoque de la 1re République).

Autre en corne (Epoque Louis XVIII).

Autre, paillettes d'acier (Epoque Louis XIII).

MOBILIER MODERNE

N° 745.

Sonnette en bronze ciselé et doré, style du XVIe siècle.

Coffret en cristal avec découpures en argent découpé, enchassé, monture en bronze ciselé et doré (style Renaissance).

Coupe octogone en cristal taillé et gravé, monture en bronze ciselé et doré (style Louis XV).

Largeur : 0 m. 40.

Coupe ovale en cristal taillé et gravé, monture en bronze ciselé et doré (style Louis XV).

Longueur : 0 m. 32.

Deux fauteuils grand dossier (style Louis XIII), couverts en moleskine (chêne sculpté).

Six chaises style Louis XIII, couvertes en moleskine (chêne sculpté).

Trois dessertes (chêne sculpté).

Longueur : 1 m. 55, 1 m. 50, 1 m. 50

Deux paires d'appliques à gaz, en bronze vernis, à quatre lumières.

Lustre à gaz à quatre lumières, bronze verni.

Deux lampes, décor polychrome, arabesques, médaillons.

Deux lampes porcelaine gros bleu, monture en bronze.

Bureau acajou à étagères.

Coffre à bois.

Petite table à volet.

Lustre en bronze doré (style Louis XV), orné de cristaux de Baccarat, perles et pendeloques taillées (42 lumières).

Deux fauteuils en acajou sculpté, recouverts en velours rouge.

Deux fauteuils poufs, en velours rouge capitonné.

Appareil à gaz à 4 lumières, globes (bronze verni).

Paire de rideaux rouge en reps, brodés fleur de lis avec lambrequin.

Pendule-borne, marbre noir.

Paire de flambeaux en bronze.

Jardinière en terre vernissée (style de Palissy).

Lustre pour antichambre en ferronnerie de Venise (style Renaissance) à six lumières, avec une chaîne garnie de six nœuds et cinq entre-lacs.

Cinq lustres en fer forgé à 4 lumières (style gothique).

Chaise longue, dossier arrondi, en reps bleu capitonné.

Autre, couverte de même, à dossier carré.

Fauteuil couvert de même et capitonné.

Deux chaises en bois noirci, recouvertes de même et capitonné.

Grand piano carré, acajou moucheté (époque 1830).

Toilette acajou, garnie de marbre.

Glace, cadre doré, avec fronton.

Haut. au sommet du fronton : 2 m. 35. — Larg. : 1 m. 30

Prie-Dieu en bois noirci.

Armoire à glace en acajou moucheté.

Cinq fauteuils, mérisier.

Table tric-trac (époque Louis XVI).

Lit acajou, avec sommier élastique.

Table de nuit ronde, acajou.

Table à ouvrage, acajou.

Gueridon octogone, acajou.

Glace avec cadre en cuivre.

Haut. : 1 m. 10. — Long. : 0 m. 84.

Chaise-chauffeuse, acajou sculpté.

Grande armoire en chêne.

Lit en fer.

Lot de chaises.

Lot de cadres.

Deux cheminées en marbre.

Appliques en plâtre.

Bois à brûler.

Lot de fenêtres.

Ferrailles

Deux fauteuils Voltaire.

Bureau dos d'âne en mérisier.

Chiffonnier en mérisier, dessus marbre.

Table de jeu en noyer.

Glace, cadre bois de rose.

Haut : 1 m — Long. : 0 m 75.

Cheminée portative en fonte vernie.

Grande table à pieds tords.

Une lessiveuse.

Chevalets.

Pelles, pincettes, allonges.

Lit en fer.

Table ronde acajou.

Mobilier de cuisine.

Quatre chaises en bois noir, ornées fleurs de lis, couvertes en reps.

Six chaises en bois noir, couvertes en reps rouge uni.

Deux chaises acajou (forme Louis XV), couvertes en satin de laine.

Chaise en bois laqué, couverte tapisserie à l'aiguille rouge et noire.

Chaise de l'époque Louis XV, dossier richement orné, couverte molleton et bande de tapisserie.

Autre de même époque.

Table à jeu acajou pieds cintrés.
Table à jeu acajou rectangulaire.
Bibliothèque en acajou.
Bibliothèque en chêne.
Chouberski.
Bois de lit en chêne.
Commode acajou, dessus marbre.
Miroir (style Louis XV). Cadre doré, glace biseautée.
Bureau acajou.
Chaises de jardin.
Pots en grès.
Crachoirs.
Laurier.
Lot de bois à brûler.
Pots à fleurs.
Bouteilles vides.
Deux coffres à bois.
Rayons.
Poêle phare.
Echelle.
Echelle double.
Etouffoir en cuivre.
Six escabeaux en chêne sculpté.
Lanterne en fer forgé et doré (style Renaissance).
Paire de chenets en cuivre.
Table à jeu acajou.
Deux fauteuils acajou velours rouge.
Quatre chaises, recouvertes en cuir jaune, en acajou.
Bibliothèque en chêne.
Paire de rideaux en reps et bandes de brocatelle.
Glace, cadre bois, doré.

Haut. : 2 m. — Long. : 1 m. 10.

Table de jeu acajou.

Ecran en chêne sculpté, style gothique avec feuilles en tapisserie à l'aiguille, représentant le portrait équestre de Louis XII.

Haut. : 1 m. 44 — Long. : 0 m. 80.

Lustre en fer forgé (style gothique), à six lumières.

Grand bureau plat acajou.

Table à jeu rectangulaire acajou.

Bureau formant cartonnier pour écrire debout.

Grand cartonnier en bois noir, la partie inférieure à deux portes.

Bibliothèque en bois noir.

Fauteuil de bureau acajou.

746. — **Tous les objets omis non compris au présent catalogue.**

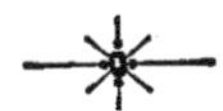

www.ingramcontent.com/pod-product-compliance
Ingram Content Group UK Ltd.
Pitfield, Milton Keynes, MK11 3LW, UK
UKHW020337180726
13839UKWH00002B/752

9 782329 545554